ESSAI

SUR LA

POLICE DES COMPAGNONS IMPRIMEURS

SOUS L'ANCIEN RÉGIME

PAR

Louis MORIN

TYPOGRAPHE

PARIS

A. CLAUDIN, LIBRAIRE-EXPERT

16, RUE DAUPHINE, 16

—

1898

DU MÊME AUTEUR :

Imprimerie — Bibliographie

Histoire des Imprimeries de Troyes depuis 1789 et des autres Imprimeries du département de l'Aube depuis leur fondation. — In-8° de 63 pp.; Troyes, imprimerie Dufour-Bouquot, 1893.

Yves Girardon, imprimeur-libraire à Troyes, d'après l'inventaire fait après son décès. — In-8° de 7 pp.; Arcis-sur-Aube, Léon Frémont, 1893.

Livres et Images populaires... II. La Bibliothèque bleue de Troyes et les Contes populaires. — In-8°; Paris, Lechevalier, 1894.

L'Apprentissage des Imprimeurs et des Relieurs au XVIII° siècle, d'après deux poèmes de l'époque. — In-8° de 19 pp.; Paris, Société de protection des Apprentis, 1895.

Les Apprentis Imprimeurs au temps passé. — In-8° de 28 pp.; Lyon, imp. Léon Sézanne, 1898.

Délibération du Chapitre de la cathédrale de Troyes relative à l'impression des livres liturgiques du diocèse, 1578. — In-8° de 2 pp.; Paris, Revue des bibliothèques (1896).

Note sur les Astrologues troyens. — In-8° de 8 pp.; Paris, Leclerc et Cornuau, 1897.

Essai sur les Dominotiers troyens. — In-8° de 16 pp.; Paris, Leclerc et Cornuau, 1897.

Etudes corporatives

Etude sur les Contrats d'apprentissage à Troyes, au XVII° siècle. — In-8° de 21 pp.; Troyes, imp. Dufour-Bouquot, 1894.

Les Communautés des Cordonniers, Basaniers et Saveliers de Troyes. — In-8° de 64 pp. (1 pl.); Troyes, imp. P. Nouel, 1895.

Pages d'histoire corporative. Un cas de pression électorale à Troyes, en 1728. — In-8° de 10 pp.; Arcis-sur-Aube, L. Frémont, 1895.

Les Associations coopératives de Joueurs d'instruments à Troyes, au XVII° siècle. — In-8° de 33 pp.; Troyes, imp. P. Nouel, 1896.

Les Confréries de Jardiniers de Troyes et de la banlieue. — In-8° de 30 pp.; Troyes, imp. P. Nouel, 1896.

Notes et documents sur les Jardiniers troyens. — In-8° de 7 pp.; Troyes, imp. P. Nouel, 1897.

La Pépinière royale de Troyes (1724-1793...). — In-8° de 11 pp.; Troyes, imp. P. Nouel, 1898.

ESSAI

SUR LA

POLICE DES COMPAGNONS IMPRIMEURS

SOUS L'ANCIEN RÉGIME

PAR

Louis MORIN

TYPOGRAPHE

LYON

TYPOGRAPHIE ET LITHOGRAPHIE LÉON SÉZANNE

2, RUE SAINT-CÔME, 2

1898

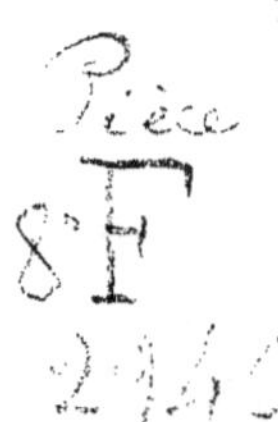

ESSAI

SUR LA

POLICE DES COMPAGNONS IMPRIMEURS

SOUS L'ANCIEN RÉGIME

Munis d'un certificat de leur maître d'apprentissage, constatant qu'ils avaient satisfait à toutes les conditions de leur contrat, les jeunes typographes se faisaient embaucher comme compagnons. Pour les uns, cette situation était la plus haute qu'ils pussent espérer, le gagne-pain de toute leur vie ; pour d'autres, elle n'était qu'un stage préparatoire à la maîtrise. Le règlement de 1649 (art. 4), l'édit d'août 1686 (art. 39) et le règlement de 1723 (art. 28) ordonnent qu'avant de pouvoir être reçus maîtres les apprentis imprimeurs et libraires serviront pendant au moins trois ans chez les autres en qualité de compagnons. Ces conditions étaient exigées, dès 1620-22, des aspirants imprimeurs de Toulouse, par les lettres-patentes d'érection de la communauté.

Ils demeuraient alors rarement dans la ville, mais au contraire voyageaient pour augmenter leurs connaissances techniques. Il n'est pas rare de les voir passer la frontière : les uns vont travailler à Rome, d'autres en Hollande, en Suisse, en Belgique, en Allemagne, en Espagne, etc.; au commencement du XVIIIᵉ siècle, Louis Michelin, originaire de Troyes, et qui devint par la suite imprimeur à Provins, poussa même jusqu'en Danemark.

Et comme de tels voyages n'étaient pas exempts de périls, certains prenaient leurs précautions : En 1584, Jean Luquet, fils d'un libraire de Nîmes, fait son testament, « voulant s'acheminer pour faire un tour de la France, pour suyvre son estat de libraire et voyr le pays* ».

C'était la coutume — presque la loi — de toutes les professions ; on estimait, non sans raison, que l'ouvrier ne pouvait bien posséder son métier qu'après l'avoir vu pratiquer et l'avoir pratiqué lui-même en diverses contrées, et celui qui se serait dispensé d'une telle épreuve aurait été certainement vu d'un mauvais œil par ses camarades.

Mais il résultait de ces déplacements incessants, dans les centres un peu considérables, un mélange d'individus de toutes les races et de toutes les conditions, dont la conduite n'était pas toujours irréprochable. On conçoit facilement, d'ailleurs, que, livrés à eux-mêmes dans une ville où ils étaient étrangers, ces jeunes gens se soient laissé parfois entraîner par la pétulance naturelle à leur âge, avec l'exemple contagieux de quelques anciens demeurés compagnons par mauvaise fortune ou vices personnels.

Nos ancêtres les compagnons imprimeurs se faisaient, paraît-il, remarquer par leur esprit d'insubordination, leurs penchants à l'indépendance, à la rébellion, à la débauche, et l'autorité dut élever maintes fois contre eux les digues toujours insuffisantes de ses réglementations.

---

* A. Puech, *Une ville au temps jadis*, p. 359.

C'est cette législation toute spéciale, et fort curieuse, que nous entreprenons d'examiner ici.

Nous nous garderons bien, dans ce travail, de prendre parti pour l'une des deux classes en présence ; il faudrait, pour discuter avec certitude, des documents qui manquent et une situation neutre qui nous permît d'éviter jusqu'au soupçon même de parti-pris. Ce que le lecteur peut attendre de nous, c'est une exposition sincère, impartiale, méthodique, des faits recueillis.

***

Avant d'entrer en matière, quelques mots sur l'existence de nos personnages pourront être nécessaires.

Disons tout d'abord, pour les personnes qui ne sont pas au courant de ces choses, que la qualification « compagnon imprimeur » s'appliquait indifféremment, autrefois, à l'ouvrier compositeur et à l'imprimeur proprement dit. Dans beaucoup d'ateliers, en province surtout, les compagnons remplissaient tour à tour ces deux fonctions, selon les besoins du moment ; tous, d'ailleurs, étaient en état de le faire, car l'apprentissage normal portait sur ces deux points.

Bien rares sont les cas où l'on sépare positivement le compositeur de l'imprimeur ou « pressier ». Les actes d'état-civil de Troyes, que nous avons dépouillés en entier, ne connaissent que les « compagnons imprimeurs » ; en 1773 seulement nous y avons trouvé un confrère qualifié « compositeur d'imprimerie ». Au XIXe siècle, celui-ci devint le typographe, alors que l'apparition des presses mécaniques faisait naître le conducteur typographe. C'est qu'aussi la découverte de la lithographie imposait alors une distinction précise entre les deux procédés d'impression.

***

Dans le principe, les compagnons prenaient leurs repas chez le maître. C'était une façon de les retenir à la maison. Un article des édits du 31 août 1539 et 28 décembre 1541 porte : « Que lesdits maistres fourniront ausdits compagnons les gages et salaires pour chacun mois respectivement, et les nouriront, et leur fourniront la dépense de bouche raisonnablement et suffisamment selon leurs qualitez, en pain, vin et pitance, comme on a fait coustume loüable. » Et l'article 11 ajoute : « S'il y a aucune plainte de pain, vin ou pitance, lesdits compagnons pourront avoir recours au sénéschal... ».

En 1539, on avait offert aux compagnons lyonnais de pourvoir eux-mêmes à leur nourriture ; ils avaient refusé en objectant la difficulté de se retrouver tous à l'heure, quand ils seraient sortis pour manger, et les chances d'entraînement à la débauche qui résulteraient pour eux de l'existence à la taverne et des tentations de la route...

La même question se représenta un peu plus tard. L'édit de mai 1571 (art. 11) la résolut en ordonnant, à l'instigation des maîtres, que « pour obvier aux plaintes qu'ont cy devant faites lesdits compagnons pour leurs vivres tant de vin, pain que pitance, dont s'ensuyvent plusieurs et diverses débauches et querelles, lesdits compagnons se nouriront doresnavant eux-mêmes, ainsi qu'ils font aux Allemagnes, Flandre, Italie et ailleurs, soit en leurs maisons ou autrement en pension comme bon leur semblera..., sauf à leur augmenter leurs gages ».

Les compagnons ne se montrèrent pas satisfaits de ce changement de situation. Ils donnent jour à leur mauvaise humeur dans des *Remonstrances et Mémoires* * où ils disent que les libraires et les maîtres ont proposé cet article comme le seul fondement, *et tanquam cardinem totius causæ*. Ils lui opposent la perte de temps résultant pour eux de la nécessité d'aller quatre ou cinq fois à la ville, « joint qu'on n'est point logé aux grandes villes, et n'y trouve l'on commodement le repas prest, comme l'on voudroit... Au contraire, estans nourriz ensemble chez les maistres, durant leurs repas, ils peuvent conférer de leur commune besogne, faite et à faire**, et

---

* Remonstrances et mémoires pour les compagnons imprimeurs de Paris et Lyon, opposans, contre les libraires, maistres imprimeurs desdits lieux, et adjointz (Bibl. nat., Thoisy, 328, fol. 138). Nous devons la connaissance de cette précieuse pièce, dont il sera encore parlé plus loin, à l'amitié de M. Augustin Corda, chargé de la rédaction du *Catalogue des Factums*.

** Il n'était pas alors, il faut le croire, interdit de parler *batiau* en dehors des heures de travail ! — Pour les profanes qui ne connaissent pas le langage typographique, « parler *batiau* » c'est parler

l'advancer pour y estre tout portez, et la despence est moindre. » En fin de compte, ils déclarent ne pas demander mieux que de se nourrir eux-mêmes, à condition qu'on diminue leur tâche.

Ces bonnes raisons ne paraissent pas avoir convaincu les réformateurs, car la déclaration de 1572 est muette sur la question. Toutefois, l'usage de nourrir les compagnons persista, en province seulement, peut-être. L'évêque de Châlons, dans un marché passé avec Claude Guyot, son imprimeur, pour la fourniture de missels (1598), promet d'avancer l'argent nécessaire « pour la nourriture des compositeurs* ». Beaucoup plus tard, le 25 novembre 1777, l'imprimeur Courtois, de Meaux, dit de ses trois ouvriers : « Ils résident tous chez moi, y travaillant au mois**. »

Un intéressant mémoire manuscrit*** va nous fournir de précieux renseignements sur la question qui nous occupe :

« Les compagnons imprimeurs ont de tout [temps] travaillé au mois, ce qui s'appelle estre embauchez.

« Ce mot d'embauche veut dire qu'ils ont fait marché de travailler sur tel ou tel ouvrage et d'en faire tant de pages le jour.

« Le maistre la dessus reigle combien il faut d'hommes pour employer le temps des compagnons qui doivent travailler à la presse, car si ceux qui doivent faire les pages n'en faisoient pas assez pour faire rouler la presse il faudroit que le maistre payast les compagnons de la presse sans qu'ils travaillassent. Or selon que la lettre dont on fait le livre est plus grosse ou plus petite, on prend plus ou moins de compagnons pour faire la composition des formes, et selon le nombre aussy que l'on tire d'exemplaires ; voilà pourquoy on les embauche tant ceux qui composent que ceux qui tirent à la presse. C'est à dire qu'on les paye au mois quelques festes qu'il y ait.

« Il y a une autre manière d'employer les compagnons imprimeurs, cette manière s'appelle travailler à la forme. Travailler à la forme, c'est à dire les payer tant pour feuille, auquel cas ils ne sont payez que de ce qu'ils font, ce qui arrive seulement lors qu'on a quelque ouvrage qui est difficile à cause de la mauvaise escriture, ou à cause de la diversité des sortes de lettres, ou encore à cause que les autheurs changent beaucoup de choses aux espreuves ; c'est en ces cas-là seulement que l'on fait travailler à la feuille *.

« Si les compagnons ne s'embauchoient point pour travailler au mois comme il est accoustumé, ceux qui travaillent à la presse qu'on appelle les imprimeurs n'auroient rien à faire que quand ceux qui travaillent à la casse, qu'on appelle les compositeurs, leur voudroient aprester les formes ; au lieu qu'en embauschant les uns et les autres au mois selon qu'on l'a fait de toute ancienneté on reigle avec les compositeurs le nombre des pages qu'ils doivent faire selon le nombre des exemplaires qu'on doit tirer à la presse, car comme si une des rouës d'une orloge manque toutes les autres rouës demeurent sans mouvement, ainsy aussy tost que l'un des compositeurs met dans sa teste de faire la desbauche ou de s'aller promener, il faut que ceux qui sont liez avec luy à la casse ou à la presse aillent aussy se promener.

« De tout temps ceux là payent les journées des compagnons avec lesquels ils sont embauchez, que les maistres rabatent sur leurs gages.

. . . .

« Il faut noter qu'il y a des compagnons imprimeurs qui sont si libertins que pourveu qu'ils ayent pour boire c'est assez, et veulent que les autres soient comme eux. »

A rapprocher de cette peu flatteuse appréciation celle de M. S. Boulard :

« Il serait bien à désirer que les personnes qui exercent un art aussi distingué que l'art typographique joignissent aux lumières qu'il exige une conduite sage et réglée, la conduite, enfin, dont un homme qui se respecte n'ait point à rougir ; il en est un grand nombre dans ce cas, mais il en est d'autres aussi qui prouvent que les grands talents sont souvent accompagnés de

---

des choses du métier : le code traditionnel des ouvriers punit d'une amende... liquide le confrère qui parle *batiau* à d'autres moments qu'au cours de la besogne.

  * Amédée Lhote, *Histoire de l'imprimerie à Châlons-sur-Marne*, p. 179.

  ** Bibl. nat., man. 21.841, fol. 212.

  *** Bibliothèque de la ville de Paris, 6350, carton V.

---

* Notre époque, on le voit, n'a pas le monopole des auteurs indécis ou brouillons.

grands défauts : quoique très habiles ouvriers, ils sont les fléaux d'une Imprimerie dont ils font tout leur possible pour entraîner leurs collaborateurs dans les cabarets ; alors, quelque pressé qu'on soit, on mécontente tout le monde par le retard que l'ouvrage éprouve. »

Les documents concernant les gages des compagnons imprimeurs sont rares ; il serait d'ailleurs assez difficile d'en apprécier la valeur relative, étant donné les énormes variations du change pendant les trois siècles sur lesquels porte la présente étude. Essayons cependant de réunir et de comparer quelques chiffres.

Au début, les salaires se payaient au mois ; ce pouvait être suffisant pour des gens dont la nourriture était assurée par la table du maître. L'édit de 1571, en supprimant les repas en commun, institue la faculté du payement à la semaine, qui prévalut en beaucoup d'endroits et jusqu'à nos jours.

En 1539, les patrons lyonnais offrant 6 s. 6 d. par jour de travail à leurs compositeurs, ceux-ci jugent cette somme insuffisante (elle équivalait à cinq francs actuels).

Les pouvoirs publics ne s'occupèrent pas toujours de fixer les salaires ; en 1571, ce soin fut laissé à la discrétion des patrons : « Les maistres imprimeurs bailleront aux bons ouvriers tels salaires grands ou petits qu'ils adviserons convenables, eu esgard à la dextérité et diligence, et à l'ouvrage qu'ils pourront rendre par chacun iour*, sans que ceux qui, pour leur paresse ou moindre dextérité, ne pourront rendre tant de besongne, s'en puissent plaindre. » (Art. 21.)

La déclaration du 10 septembre 1572 et le règlement de 1618 fixent à 18 l. par mois les gages des compagnons parisiens qui, on l'a vu, n'étaient plus nourris par leurs maîtres.

Plus tard, on établit des minima de tâche. A la suite de réclamations des compagnons sur les statuts et règlements de décembre 1649, il fut ordonné (arrêt du 7 septembre 1650) « que leur labeur sera remis à raison de 2.500 feuilles par jour des livres qui seront imprimés tout noir et de 2.200 des livres qui seront imprimés rouge

et noir, sans toutefois aucune diminution de leurs gages et prix de leurs journées...».

Un arrêt du 14 juillet 1654, rendu à la requête de la communauté parisienne, porte à 27 l. le salaire mensuel pour les labeurs ordinaires et 28 pour les autres ; les compositeurs de grec ont même 33 l. Cette augmentation fut accordée « afin de donner subiet ausdits compagnons de travailler avec plus d'affection et d'assiduité et que leur ouvrage soit bien fait ». Une intéressante nomenclature annexée à ce tarif stipule en nombre de lignes, de pages ou de feuilles la tâche minimum des compositeurs ou imprimeurs ainsi rétribués. Cette tâche, autrefois plus considérable, avait été réduite parce que les ouvriers se plaignaient « que la trop grande surcharge les empeschoit de faire leur travail avec toute la curiosité qu'ils eussent bien voulu y employer s'ils en avoient le temps... ».

Les compagnons ne se tinrent pas pour satisfaits ; ils s'opposèrent à l'exécution des derniers arrêts et présentèrent une requête demandant 50 l. par mois pour les labeurs ordinaires, « attendu la cherté des vivres et l'impossibilité de subsister à Paris », et la liberté de traiter avec leurs maîtres pour les ouvrages extraordinaires. L'arrêt du Parlement rendu sur leur requête, le 12 janvier 1658, n'accorda que ce dernier point.

Dans leurs Observations présentées contre certains articles du règlement du 28 février 1723, alors qu'on les accusait d'exiger des salaires exorbitants, les compagnons affirment et offrent de prouver, par les livres de banque des maîtres, « que plus de la moitié d'entre eux ne gagne au plus que 40 sols par jour ».

Les règlements de 1723 et de 1777 sont muets en ce qui concerne les salaires.

Des conditions plus spéciales sont fournies par divers contrats d'engagement recueillis à Troyes. En 1626, un compagnon se loue pour un an ; il sera logé, nourri, etc., et recevra 18 l. payables par moitié, au bout de six mois et à la fin de son service. — En 1654, Nicolas Martin s'engage à travailler de son état et art d'imprimeur, moyennant 13 sous par journée de 25 cents, payés au fur et à mesure ; son maître sera tenu « de lui fournir un compagnon sortable », sinon Martin travaillera seul.

---

* La tâche quotidienne était alors de 2,650 feuilles pour Paris et de 3,350 feuilles pour Lyon.

— En 1655, un sieur François Truchin est embauché pour deux ans à raison de dix sous par jour ; il sera montré et enseigné par son maître. La tâche est fixée à « vingt-six cents de papier imprimé » par jour ; s'il dépasse ce chiffre, il sera payé en conséquence. — En 1691, Nicolas Estienne, compagnon imprimeur-libraire, se loue à Louis Blanchard à raison de 8 l. par mois, plus la nourriture, le logement et chauffage ; il sera tenu de « travailler tant à la presse, composition et reliure, ainsy que ledit Blanchard le trouvera à propos ».

Le xviiie siècle ne nous a presque rien fourni concernant les salaires. Dans un traité du 29 janvier 1714, par lequel Charles-Henri Huguier loue le privilège d'imprimeur appartenant à Jean Adenet, moyennant 100 l. par an, il est convenu que ce dernier travaillera assidûment en ladite imprimerie moyennant 6 l. par semaine.

D'après le *Mémoire sur les vexations qu'exercent les libraires et imprimeurs de Paris*, les plus habiles des compagnons imprimeurs gagnaient au plus trois livres par jour (ceci pour Paris, en 1725) ; et l'auteur ajoute : « Il n'y a point de mauvaises manœuvres que les maîtres n'emploient pour obliger ces pauvres compagnons qui sont les instruments de leur fortune à se contenter de 25 ou 30 sols. »

Voici maintenant ce qu'écrivait, en 1760, l'imprimeur troyen Le Febvre sur les gardes d'un exemplaire du *Code de la Librairie*, de Saugrain, possédé par la Bibliothèque de Troyes : « Les gens de conscience sont les compagnons qui ont 3 l. par jour, plus ou moins suivant leur force. Ils sont aux ordres de tous les ouvriers et font les fonctions* des compositeurs. Les autres compagnons ne font que les entreprises.

Un passage du « *Mémoire* pour le sieur François Mallet, ancien imprimeur-libraire à Troyes, contre Antoinette Charvin, femme Palluy** »*, dit que Mallet ne gagnait que 4 à 5 livres par jour à Genève (ceci vers 1780), et qu'il se rendit à Neuchâtel pour occuper une place plus lucrative.

Selon M. S. Boulard***, qui écrivait en 1791, l'ouvrier en conscience parisien était payé 6 l. pour une journée allant de 8 heures du matin à 8 heures du soir, y compris deux heures pour le repos.

Il y a loin de là aux dix ou douze sous cités plus haut et même, considérant le renchérissement de la vie, aux prix payés de nos jours. Cette fin du xviiie siècle paraît avoir été l'âge d'or de la typographie ouvrière.

Dans une requête adressée au Parlement de leur province, les imprimeurs dijonnais, réclamant une augmentation du prix de la feuille des factums qui les occupaient pendant huit à neuf mois de l'année, exposent comme principal argument les exigences de leurs ouvriers qui, non contents d'avoir été augmentés de dix sous en 1769, en demandent encore dix autres ; ils disent que la difficulté d'en trouver les oblige à souscrire à ces conditions et aussi à en conserver le plus grand nombre même quand il y a peu de travail à leur donner. Le Parlement acquiesça à cette réclamation par arrêt du 30 mars 1787 *.

Le 24 décembre 1789, la municipalité troyenne fit assembler les syndics et adjoints de diverses communautés, « pour avoir leur avis et s'assurer du prix des journées de leurs ouvriers » ; nous avons eu le regret de n'y pas rencontrer notre corporation : ses membres, « ouvriers d'art », n'étaient pas confondus avec les artisans manuels.

Les engagements de compagnons imprimeurs sont assez rares ; généralement passés pour une année, ils ne sont presque jamais renouvelés. Les maîtres, sans doute, n'y assujettissaient que les ouvriers qu'ils employaient pour la première fois.

Certains de ces contrats sont intéressants ; malheureusement, ils ne concernent guère que des pressiers.

Le 8 janvier 1640, Nicolas Le Cœur promet à Jacques Oudot, maître imprimeur à Troyes, de le servir pendant deux ans, « à peine de paier audit Oudot, pour chacune journée qu'il manquera de venir faire ledit travail, trente-cinq sols, si ce n'est qu'il y ait excuse et cause légitime ». Le Cœur, qui travaillera de cinq heures du matin à sept heures du soir, sera montré

---

* Se dit des travaux accessoires de la composition.

** Bibl. de Troyes, in-4° de 48 pp., 1790.

*** *Le Manuel de l'Imprimeur.*

* Bibl. de Dijon, man. 745 (448¹ ancien fonds), fol. 67 v°.

et enseigné. Il touchera cinq sous par jour la première année et six sous la deuxième, et s'il fait plus d'ouvrage que n'ont accoutumé de faire les autres compagnons, il sera payé en surcroît.

En mai 1660, Nicolas Oudot, imprimeur à Troyes, embauche deux compagnons pour travailler à Sens, sur différents livres liturgiques qu'il faisait en société avec l'imprimeur Louis Prussurot. Ces compagnons sont payés à raison de 6 l. par semaine, qu'il y ait ou non des fêtes ; ils couchent ensemble dans une chambre garnie louée par Oudot ; ils sont tenus de tirer 2,500 feuilles du *Processionnaire* par journée, « suivant l'ordre qui s'observe en l'imprimerie » ; pareil nombre sur le *Rituel* et « à leur conscience » sur le *Diurnal*, ce dernier livre étant sans doute d'une exécution plus difficultueuse.

Les gratifications n'étaient pas inconnues de nos devanciers. En 1529-1530, le serviteur de Nicolas le Rouge reçoit 15 deniers de la ville à propos de l'impression d'ordonnances pour les places des marchandises au marché de Troyes*. En 1733, l'administration diocésaine donne 9 l. de gratification aux ouvriers de Pierre Michelin, qui imprimaient alors le beau *Missel* paru en 1736**. Les compagnons bénéficiaient enfin de la vente des exemplaires de chapelle, dont il sera parlé tout à l'heure.

Il semble même que la restitution à l'auteur ou à l'éditeur des copies et épreuves des ouvrages terminés, qu'on leur laissait jusque-là pour témoigner de leur besogne, leur ait été occasion de solliciter quelque argent. Les articles 35 du règlement de 1618, 31 de 1649 et de 1686, 33 de 1723 disent en effet que les copies, tant manuscrites qu'imprimées, sur lesquelles auront travaillé les compagnons seront rendues ès mains de leurs maîtres, sans que pour ce ils puissent prétendre à aucun payement ou récompense.

La paie ou « banque » a lieu généralement le samedi ; quelques maîtres, cependant, la font le dimanche***.

* * *

Le travail que ces salaires récompensaient n'était pas des plus doux. Ecoutons des personnes non suspectes de partialité : « Le mécanisme des anciennes presses offrait beaucoup d'inconvéniens pour l'impression et pour la santé des ouvriers… ; l'exercice prolongé du barreau, surtout dans les presses à deux coups, étant très pénible, développait dans l'ouvrier le germe de plusieurs maladies graves ou infirmités chroniques qui le mettaient de bonne heure hors d'état de travailler*. »

La journée était longue aussi ; commencée invariablement à cinq heures du matin, pour finir à sept et même huit heures (édits de 1539-1541, lettres patentes de Charles IX, 1571), le règlement de 1777 (art. 15) la fixe de six à huit heures en été et de sept à neuf en hiver**.

Dans leurs *Remonstrances et Mémoires* contre l'édit de 1571, les compagnons prétendent même que, leur tâche quotidienne étant de 2650 feuilles pour ceux de Paris et 3350 pour ceux de Lyon, ils ont peine à la fournir, « estans debout depuis deux heures après minuit, jusques environ huit ou neuf heures du soir, tant l'hyver que l'esté : voyre estans nourris par les maistres et sans se divertir en rien ».

Il est juste de dire, cependant, que les jours de fêtes chômées étaient plus nombreux alors qu'aujourd'hui, ce qui n'empêchait pas les compagnons — dit l'édit de 1571 — de multiplier les jours de repos ou « journées blanches, comme ils appellent ».

L'article 33 du règlement donné aux imprimeurs de Lyon, en 1695-1696, est très précis en ce qui concerne l'obligation du repos dominical : « Il est expressément défendu à tous maistres imprimeurs de faire travailler dans leurs imprimeries les dimanches et jours de festes, et aux compagnons d'y travailler à la composition ou impression d'aucuns ouvrages, à peine contre les maistres de cent livres d'amende, et de dix livres contre chacun des compagnons ; pourront néanmoins lesdits compa-

---

* Arch. municipales, B, III.

** Arch. de l'Aube, G, 199.

*** Le temps n'est pas encore éloigné où une maison de Troyes obligeait ses ouvriers — histoire de les avoir sous la main — à venir toucher leur banque le dimanche matin.

* Rapport sur un Mémoire relatif à l'emploi du plan incliné mobile comme moyen de pression (*Annales de la Société Royale des Sciences, Belles-Lettres et Arts d'Orléans*, 1832, p. 211).

** D'après les édits de 1539-41, cinq et huit heures étaient les heures « accoutumées d'ancienneté ».

gnons, en cas de nécessité seulement, préparer et tremper leurs papiers après les heures de service (*ou mieux* des services) ».

La déclaration du 31 août 1539 (art. 8) autorise seulement à faire, les jours non ouvrables, « quelque chose préparative et légère pour le lendemain »; les édits de 1686 et de 1723 reviennent sur ces prohibitions, qui étaient sérieusement observées[*].

* * *

Des personnes sans instruction professionnelle parvinrent à se faire recevoir en qualité d'imprimeurs, en se servant de compagnons. En voici quelques exemples; ils ne sont pas communs : En 1673, Claude Febvre, libraire à Troyes, sollicite du lieutenant général l'autorisation de joindre l'art de l'imprimerie au commerce qu'il exerce depuis trente ans. Il expose dans sa requête qu'il a, de concert avec son père, imprimé plusieurs livres sous leurs noms réunis; or, il ne connaît pas la profession. Mais, pour prévenir les objections d'incapacité qui ne peuvent manquer de lui être faites, il cite trois libraires de Paris récemment admis à faire de l'imprimerie en présentant un compagnon expérimenté dont ils se portaient garants et responsables, et présente pour son compte un sieur Edme Pinard, qui a fait son apprentissage à Troyes et y travaille depuis plus de vingt ans. Le lieutenant légitima ce procédé en autorisant Febvre à prêter serment entre ses mains, le 8 mai 1673[**]; mais la communauté, dans son assemblée du 25 mai, décida d'envoyer au Conseil d'Etat une requête de protestation. On n'en retrouve pas moins Claude Febvre imprimeur quelques années plus tard.

Les trois libraires parisiens dont l'admission est invoquée comme précédent sont Frédéric Léonard, Denis Thierry et Pierre Petit.

Le 8 mai 1706, Pierre Herluison, m[e] imp. et lib. à Troyes, cède à Jean Maslot, compagnon, tous les droits qu'il a et peut avoir en sa dite qualité. Maslot exercera sous le nom de Herluison pendant la vie de celui-ci et de sa femme; il devra observer tous les édits et règlements, acquitter les charges de confrérie, afin que le cédant ne soit pas inquiété à ce sujet, et lui paiera de plus 20 l. par an. Ce contrat fut d'ailleurs résolu dix jours après. (*Min. Pierre Cligny.*)

Les veuves de maîtres ne soutenaient leur maison qu'avec le concours des ouvriers, dont parfois elles prenaient le meilleur pour second mari. Elles n'avaient pas toujours à se louer de ces auxiliaires : le procès-verbal de réception de Nicolas Michelin (1709) nous apprend que la veuve d'Edme Prévost, « étant obligée de passer par les mains des compagnons..., n'y trouve pas toute la seureté nécessaire ».

* * *

Il est assez difficile de dire, pour les diverses époques, quelle était la proportion des compagnons relativement aux maîtres établis. Cependant, en règle générale, il semble que tout d'abord les compagnons aient été assez nombreux, dans les grandes villes comme Paris et Lyon, autour de quelques patrons renommés, puis que, par la suite, la maîtrise devenant plus abordable, la différence ait été moins prononcée. En 1701, à Troyes, Jacques Oudot a cinq ouvriers et son frère deux, mais leurs confrères n'en ont qu'un et plusieurs même travaillent seuls, aidés simplement sans doute de quelqu'un de leur intérieur; en sorte qu'il y en a dix en tout, juste autant que de maîtres[*]! C'est alors que les règlements restreignirent le nombre de ces derniers, en même temps qu'ils les obligèrent à posséder au moins quatre presses à Paris et deux en province. Alors on vit se modifier la situation : en 1764, il n'y a plus à Troyes que trois imprimeurs occupant une trentaine d'ouvriers; Jean Garnier en a dix-neuf à lui seul[**].

En 1725, il y avait à Paris 600 compagnons imprimeurs (le nombre des maîtres étant alors fixé à 36), et 700 à 800 en 1755.

Les compagnons libraires sont relativement peu nombreux; quant aux fondeurs, rien ne nous a révélé l'importance de leur personnel.

---

[*] Une édition bordelaise, imprimée en 1519, de la grammaire latine d'Antonio de Nebrissa, porte cependant comme date d'achèvement la veille et *le jour de Noël* (*Les origines et les débuts de l'imprimerie à Bordeaux*, par M. A. Claudin, p. 15).

[**] Arch. de l'Aube, Mandements du Roi, XIII, fol. 56.

[*] Bibl. Nat., man. 22.126.

[**] Bibl. Nat., man. 22.185.

Les autorités faisaient de temps à autre procéder à des recensements des compagnons employés dans les imprimeries. Une opération de ce genre eut lieu en 1701, à l'occasion de l'enquête ordonnée par l'arrêt du 6 décembre 1700. Ses résultats, portant tous les noms et origines des recensés, sont conservés dans les registres 22.124 à 22.129 de la Bibliothèque Nationale. — L'arrêt du 30 août 1777 ordonne un recensement annuel de tous les ouvriers du métier ; mais cette prescription demeura lettre morte. Le registre de la Chambre syndicale de Dijon, cependant tenu avec soin, ne comporte, pour la période de 1777 à 1789, qu'une enquête effectuée en 1787 : elle accuse trente-et-un compagnons pour quatre ateliers *.

Quelques femmes font partie du personnel des imprimeries, pour la couture et le brochage ; mais les typotes, cette menace des temps modernes, sont pour ainsi dire inconnues. Il y en eut cependant quelques-unes. Sans nous arrêter à celle — bien douteuse — qu'on croit voir dans le compositeur en robe longue qui figure sur la marque de Josse Bade, imprimeur à Paris au commencement du xvie siècle, copiée dans le même temps par Jehan de Roigny, de Paris, par Pierre César, de Gand, et par Jean Baudouyn, de Rennes **, nous devons mentionner l'imprimerie exclusivement féminine fondée, paraît-il, dès 1476, au couvent de Saint-Jacques-de-Ripoli, de l'ordre de Saint-Dominique, près de Florence, en Italie***. Les religieuses, autrefois employées comme copistes, s'étaient livrées à l'art nouveau avec une telle ardeur qu'elles donnèrent plus de cent ouvrages dans l'espace de six ans ! Il faut croire même qu'elles n'étaient pas regardantes sur le sujet de la copie, car dans le nombre de leurs impressions figurerait, à la date de 1478, le *Decamerone* du licencieux Boccace.

En 1631, Rignoux, imprimeur à Montbard, employa des femmes aux travaux de notre profession.

Les deux filles de feu Julian Griffart, imprimeur à Châlons, employées dans l'atelier paternel par leur beau-père Jean Charpentier, reçoivent l'une 18 l., l'autre 6 l. tournois par an *.

Il y en eut enfin sous la Révolution ; leur existence a été signalée par M. Alkan **.

* * *

Qu'était la vie à l'atelier ? Encore une question à laquelle il n'est pas commode de répondre. Rude, c'est probable, étant donné la longueur de la journée, pendant laquelle il était défendu de sortir, même pour prendre ses repas ***, et la difficulté de la tâche. Mais nos pères étaient des lurons, à qui la peine physique ne faisait point peur et qui n'avaient pas, pour affecter leurs robustes nerfs, les mille soucis de notre existence compliquée, enfiévrée, inquiète. Et puis, il faut bien le dire — tant pis pour qui s'en fâchera ! — ils buvaient du vin, de vrai vin, et ne connaissaient pas l'absinthe.

On buvait même à l'atelier, nous apprend *la Misère des Apprentis imprimeurs*, dont le héros se plaint d'être obligé d'aller en dix endroits pour contenter tout le monde :

L'un dit : Je bus dimanche, au bas de la montagne,
D'un vin qui, sur ma foi, vaut du vin de champagne.
Si sur un tel rapport un autre en veut goûter,
Fût-ce encore plus loin, il faut m'y transporter.
Celui-ci veut du blanc, celui-là du Bourgogne ;
Si je tarde un peu trop ils me cherchent la rogne,
Sans songer que souvent, pour leurs demi-septiers,
Il faut aller quêter chez dix cabaretiers.
A l'un faut du gruyère, à l'autre du Hollande ;
Un autre veut du fruit, faut chercher la marchande ;
Encore ont-ils l'esprit si bizarre et mal fait
Qu'avec toute ma peine aucun n'est satisfait.....

D'ailleurs, comme le dit une pièce de vers datée de 1690**** :

Cet employ demande du vin
Pour mieux résister à l'ouvrage ;
Car comme notre art est divin,
Il nous faut un divin breuvage.....

La marque du libraire parisien Michel de Roigny (1565-1591) représente un atelier d'imprimerie où travaillent deux imprimeurs et un compositeur ; près de celui qui tire le barreau on voit, sur une petite

---

* Bibl. de Dijon, man. 745 (448 ancien fonds).

** Silvestre, *Marques typographiques*, n°s 7, 468, 787, 1055, 1153.

*** *Petit Bibliophile, Typologie-Tucker, Recherches sur les imprimeries imaginaires...*, et autres sources.

* Accord du 19 novembre 1631 (Amédée Lhote, *Histoire de l'imprimerie à Châlons*, p. 184).

** *Les femmes compositrices d'imprimerie sous la Révolution française, en 1794*, Paris, 1862, in-8°.

*** Arrêt du 7 septembre 1650.

**** Bibl. Nat., man. 22.108, fol. 157 v°.

table, une amphore et une coupe[*] ; d'autres marques montrent des verres ou des gobelets...

Une gravure de Toffler, représentant un ancien atelier d'imprimerie où sont deux presses en activité, deux compositeurs à leur casse et un correcteur avec son teneur de copie, offre au premier plan une table sur laquelle se trouvent deux verres, une coupe et deux morceaux de pain. Une amphore rafraîchit dans un bassin.

Coiffés du bonnet de papier traditionnel, dont voici le signalement :

Taillé dans le plein drap d'une maculature,
Un chapeau de gendarme aux trois coins rabattus
Et fixés sur l'ensemble en six angles obtus...,

on faisait sans doute de grosses « sortes », des mots drôles, peut-être déjà des « pallas ». Il paraît même qu'on maltraitait les apprentis ; tel est, du moins, le reproche fait aux compagnons imprimeurs par les édits de 1539-1541 (art. 3), qui leur défendent de « battre et menacer lesdits apprentifs, ains les laisser besongner à la volonté et discrétion de leurs maistres... ». Les compagnons, paraît-il, essayaient par là d'entraver le recrutement des apprentis afin de pouvoir se louer plus cher : « Ils ne veulent point souffrir aucun apprentif besongner audit art, à fin qu'eux se trouvans en petit nombre aux ouvrages pressez et hastez, ils soient cherchés et requis desdits maistres : et par ce moyen leurs dicts gages et nourritures augmentez à leur discrétion et volonté... » (Lyon, 1541).

Nous les verrons plus tard user des mêmes procédés envers les *alloués*.

En tous temps — la suite de cette étude nous le montrera — ils cherchèrent à restreindre le nombre des apprentis. C'est donc une question vieille comme... l'imprimerie que celle posée récemment encore au Congrès de Marseille.

Nos devanciers alliaient déjà le culte des arts libéraux à leur travail professionnel, quelquefois au détriment de celui-ci. En 1654, Jean Oudot, imprimeur à Troyes, en embauchant Charles Verrier, promet de le laisser aller en cas qu'on vienne le quérir pour jouer de l'instrument. On connaît aussi la réputation que se sont faite plusieurs compagnons imprimeurs : Louis de

la Gallère, Pierre Patris (dit de Larrivey), Damien Lhomme, et peut-être d'autres encore, dans l'art de prédire l'avenir[*].

* * *

Il n'y a pas à tenter de tracer, même à grands traits, un tableau de la situation financière des compagnons imprimeurs. Il en était de conditions aussi diverses qu'aujourd'hui, et rien ne nous dit quelle part revenait au travail professionnel dans l'aisance constatée chez quelques-uns. On rencontre, en effet, assez fréquemment, à Troyes, leurs noms dans des contrats de vente ou d'achat de terres, de vignes surtout[**] ; plusieurs même possédaient une maison. « J'ai rencontré, dit M. Albert Babeau[***], un compagnon imprimeur à qui l'on doit 2.650 l. en argent. » Un autre, en 1737, possède un lit à colonnes torses, avec un lit de plumes garni de drap musc, estimés 100 l. Le 21 août 1725, Claude Simard, également compagnon, achète une charge de courtier-auneur de drap. Mais ce sont là des exceptions.

Il y avait d'ailleurs parmi eux, au XVIIIe siècle, des fils de maîtres que seule la limitation du nombre des imprimeries empêchait de s'établir.

Il en était, par contre, que la fortune avait bien maltraités ; tel est « Jean Huguenin, pauvre compagnon imprimeur », inhumé sur la paroisse Saint-Jacques, à Troyes, le 16 mars 1675 ; ou cet autre dont la femme est enterrée par charité en 1735. En 1639, Pierre Fremy loge en garni, à raison de 4 l. par an ; son mobilier se compose d'un lit complet, un buffet, deux coffres, une table, un tour de cheminée, trois chaudrons, une image de saint Jean d'albâtre, une paire de chenêts, une crémaillère,

---

* Silvestre, *Marques typographiques*, n° 625.

* Voir notre *Note sur les astrologues troyens* (*Bulletin du Bibliophile*, 15 janvier 1897).

** Beaucoup étaient originaires des villages environnants ; eux ou leurs femmes y avaient des parents. Ainsi s'explique leur possession de petits immeubles, dont le plus souvent on les voit se débarrasser peu à peu.

*** *Les artisans et les domestiques d'autrefois*, pages 8 et 18. — « Les compositeurs d'imprimerie, dit le même auteur, dans leurs ateliers, sont habillés comme de petits bourgeois. (Voir les planches de la *Description des Arts et Métiers*, par MM. de l'Académie des Sciences, et celles du supplément de l'*Encyclopédie*, éd. in-folio). » La plupart des dessins où figurent des compagnons imprimeurs donnent en effet une assez haute idée de leur accoutrement.

une cuiller et une lumière de cuivre. Jean Valleton, à la mort de sa première femme (1688), avait un actif de 72 l. 7 s. et un passif de 86 l. 5 s. ; quand mourut sa deuxième (1694), l'actif n'était plus que de 18 l. et les dettes s'étaient encore accrues !

Devenus vieux, les compagnons tombaient, tout comme à présent, à la charge de leur famille, de l'aumône générale ou de la charité privée. A Paris, ils pouvaient encore solliciter leur admission à l'asile de Bicêtre *. Enfin, les confrères valides n'étaient déjà pas insensibles aux souffrances de leurs anciens compagnons de peine et les aidaient volontiers.

Le 24 juillet 1759, François-Maurice Rebuffé adresse une requête aux syndic et adjoints de la communauté parisienne : fils de maître, ruiné par l'arrêt de 1723, qui l'a empêché de s'établir, il se trouve dans la misère à l'âge de 72 ans, « ..... attendant avec confiance de votre humanité des petits secours suffisans pour avoir du pain..... ou que vous lui donniés permission d'aller comme ancien compagnon dans chaque Imprimerie pour recevoir les bienfaits qu'on y donne à ceux qui y vont par nécessités..... »**.

Un autre, hospitalisé à Bicêtre (il s'appelle Alexandre et est âgé de 75 ans), s'adresse au syndic Saugrain, en février-mars 1760, et lui expose ceci : «A la mort du nommé Ruel les questeurs*** me faisaient une livre par semaine ; cela n'a pas duré, il est survenu le nommé Legrand lequel a été cause que j'ay été destitué, et a été cause que j'ay été très long tems sans rien recevoir, et parce que je n'avois point osé prendre la liberté d'incommoder ces Messieurs de la Chambre sindicalle à ce sujet, ou plutôt parce que je ne buvois pas assés souvent avec luy... »****.

Quelques-uns avaient la ressource de se faire recevoir colporteurs. Ce titre, qui donnait à ses titulaires le droit de vendre au dehors des ouvrages n'excédant pas huit feuilles d'impression, placés dans une balle suspendue à leur cou, avait été réservé spécialement aux anciens maîtres ou compagnons devenus vieux, infirmes, et tombés dans la misère. Ils étaient admis en nombre limité : 12 à Paris au commencement du XVIIe siècle, 50 en 1648, 46 en 1711, 120 en 1712 ; on y ajouta 40 afficheurs en 1722.

Diverses listes de déclarations nous montrent d'anciens compagnons occupant un certain nombre de ces places, dont le produit les aidait à vivre ; on autorisait aussi des veuves de professionnels à acheter et vendre de vieux papiers et parchemins. Combien de documents qui auraient été précieux pour nous ont dû disparaître dans ces mains profanes !

* * *

Indépendamment de la confrérie générale, des associations partielles réunissaient en une « chapelle » les ouvriers de la même imprimerie. D'après M. Eugène Barbier*, « la chapelle, malgré sa dénomination, n'avait pas le moindre caractère religieux ; elle n'offrait non plus aucun point de ressemblance avec les sociétés de secours ou les syndicats actuels... ; c'était une société de prévoyance... gastronomique, organisée en vue de subvenir aux frais de festins mémorables que s'offraient les typos à la Saint-Jean et à la Saint-Martin d'hiver.

« La chapelle n'était fermée à personne ; au contraire, le titre de chapelain s'obtenait sans difficulté : il suffisait pour cela de verser, en entrant à l'atelier, la somme fixée pour le droit d'admission et qui n'était que de trente sous, plus un autre droit qui était prélevé sur la première banque du postulant et qui se montait à neuf livres.

« Indépendamment de ces deux taxes, obligatoires pour tous les membres, le règlement spécifiait bon nombre d'autres cas qui donnaient prétexte à la perception d'un droit ou d'une amende.

« L'apprenti qui débutait ou qui terminait son apprentissage et devenait ouvrier, le confrère qui se mariait, les ouvriers

---

* La maison de Bicêtre, donnée en 1656, par Louis XIV, à l'Hospice général, servait à la fois d'hospice, d'hôpital, de pensionnat, de maison de fous et de correction (*Encyclopédie* Larousse).

** Bibl. nat., man. f. franç. 22.064, fol. 202.

*** Il semblerait par là qu'il avait des quêteurs officiellement chargés de recueillir dans les ateliers les libéralités à l'adresse des besoigneux.

**** Bibl. nat., man. f. franç. 22.064, fol. 203-206.

---

* *Paris* (reproduit par *l'Intermédaire des Imprimeurs* de septembre 1890).

qui se querellaient, se battaient ou plaisantaient trop grossièrement, celui qui oubliait d'éteindre sa chandelle lorsqu'il quittait l'atelier à la fin de la journée ou lorsqu'il s'absentait, ne fût-ce que pour quelques minutes ; le sortier qui, pour faire pièce à l'imprimeur, mettait de l'eau sur la poignée du barreau ou de l'encre sur la manivelle d'une presse, etc., etc., devaient tous payer une somme plus ou moins élevée et le refus de verser entraînait la déchéance de tous droits dans le partage de la caisse.

« Les chapelains avaient une autre source de revenus dans les quêtes qu'ils faisaient deux fois par an chez tous les auteurs ou clients en rapport avec l'imprimerie, en même temps que chez les fondeurs, fabricants de papiers, marchands d'encre, en un mot, chez tous les fournisseurs, et aux sommes ainsi perçues venaient se joindre trois exemplaires de chaque ouvrage composé et imprimé par eux et qui, sous le nom de copies de chapelle, leur étaient offerts par l'éditeur[*].

« La veille de la Saint-Jean et de la Saint-Martin, le partage était fait entre tous les sociétaires, et le lendemain ils se réunissaient pour commencer la fête qui, généralement, se prolongeait, laissant pendant plusieurs jours les rangs déserts et les presses silencieuses ; le patron avait beau tempêter ou gémir, rien n'y faisait : les chapelains étaient tout à la joie et, heureux du présent, confiants dans l'avenir, avaient pour unique souci de s'amuser le mieux et le plus longtemps possible. »

Voici le texte d'un règlement de chapelle qui diffère un peu de celui de M. Barbier[**] :

« *Reglement pour le Bon de la St-Martin, fait entre les ouvriers de M. Herissant, et de son consentement, en vertu d'un Mémoire à lui adressé et signé de tous les ouvriers.* — Du 10 novembre 1760.

« 1° Il ne pourra y avoir aucun chapelain qu'il ne paye sa première banque, dans le cas même qu'il apporterait quittances ou certificats de l'avoir payé en province. Ce droit de chapelle est fixé à la somme de neuf livres, cy. . . . . 9 l.

« 2° Droit de chevet, quand même il apporterait certificats et quittances de l'avoir payé en province. Ce droit est fixé à la somme de six livres, cy . . . . . 6 l.

« 3° Il ne pourra être reçu aucun chapelain qu'après avoir été trois mois dans ladite imprimerie ; la bien-venu étant fixée à la somme de quatre livres dix sols, cy . . . . 4 l. 10 s.

« Sur laquelle somme de 4 l. 10 s. il sera diminué par chaque mois dix sols quand un chapelain aura travaillé en sus des trois mois, terme fixé pour être reçu chapelain.

« 4° Avons arrêté que dans le cas qu'il y eut actuellement des chapelains ou d'autres ouvriers qui désirent y être admis, et même à l'avenir, qui ne se conformerons pas au present Reglemens, non seulement seront exclus pour l'année où le cas echouëra, mes même pour toujours et ont signé les sieurs Pallandre, Desgrand, l'Aiguillon, Edme Hamai, Lainé, etc. ».

Momoro, dans son *Traité élémentaire de l'Imprimerie* [*], énumère comme suit les amendes applicables à la chapelle :

« AMENDE. — ..... 2° Tout compagnon qui, dans le temps qu'on prend la chandelle, néglige d'éteindre la sienne le soir avant de quitter, paye 5 sols d'amende.

« Si le maître imprimeur oubliait d'éteindre la sienne à l'imprimerie, il doit payer le double.

« Ces amendes se partagent à la Saint-Jean ou à la Saint-Martin, avec les autres bons de chapelle, entre les compagnons. »

Ainsi qu'il se pratique de nos jours en maints endroits, il est probable qu'on prélevait sur ces petites caisses de légers secours pour les camarades malades ou sans travail.

A côté de la chapelle, formant ainsi un état dans l'état, existait souvent le « bonnet », groupement de quelques privilégiés, beaucoup plus restreint et moins louable que le précédent. C'était une simple coterie des ouvriers anciens ou malins, qui faisaient alors la pluie ou le beau temps à l'atelier, au détriment de leurs confrères isolés.

---

[*] Tout d'abord, ce n'est pas trois, mais seulement une des copies retenues par le maître imprimeur qui était affectée aux ouvriers ; l'article 39 de l'arrêt du 28 février 1723 reconnaît même au libraire-éditeur le droit de reprendre cette copie en en payant le prix à la chapelle. L'édit d'août 1777 accorde trois exemplaires aux ouvriers, mais maintient la faculté de rachat.

[**] Bibl. nat., man. 22.064, fol. 207.

[*] Paris, in-8', 1793.

Les compagnons, parmi lesquels il y avait au moins autant d'étrangers qu'il y en a maintenant, pratiquaient déjà la solidarité internationale. L'abbé Blondel[*] en rapporte un exemple : Deux imprimeurs parisiens, Barbou et David, avaient fait venir d'Allemagne huit compagnons auxquels ils s'engageaient à donner trois livres par jour, nourris, couchés et blanchis ; au bout de quelques jours, voyant que par suite de leur ignorance de la langue ils ne lui rendaient pas les services qu'il en espérait, Barbou voulut rompre le marché et leur proposa 2 livres par jour, avec engagement de trois ans. Les Allemands refusèrent, disant que ce ne serait pas suffisant pour les faire subsister. Barbou alors, mécontent de leur réponse, les enferma tout un jour dans son imprimerie sans leur faire donner aucune nourriture. Comme bien on pense, ils firent tant de bruit qu'il dut les lâcher, mais il conserva leurs hardes, et les malheureux durent se remettre en route pour leur pays sans la moindre ressource. Les compagnons imprimeurs de Paris leur firent quelques charités pour les aider dans leur voyage.

* * *

Puisque nous avons parlé des divertissements corporatifs, rappelons-en un qui fit un certain bruit et faillit même coûter cher à ses facétieux auteurs[**].

Or donc, les Parisiens de ce temps-là (février 1752) virent un beau matin, avec étonnement, s'étaler sur leurs murs une petite affiche imprimée dans une langue que nul ne comprenait ni n'avait jamais ouï dire qui fût employée.

L'étrange placard ne demeura sans doute pas longtemps sur la muraille ; une police aussi vigilante que la nôtre dut s'empresser de le soustraire aux commentaires des badauds, en attendant qu'une enquête sérieuse vînt apporter à Messieurs de la Justice le mot de l'énigme, tous et chacun d'iceux magistrats en ayant donné leur langue au chat.

Il y avait de quoi, d'ailleurs, et ceux-là me comprendront qui ont passé de longues journées d'apprentissage à composer les tas de pâtés résultant des multiples accidents dont nul n'est exempt en ce bas monde typographique.

En effet, l'affiche cause de tout ce bruit (un exemplaire en est joint à l'enquête) consistait tout simplement en deux paquets de « pâté » recomposé, séparés par un filet, précédés du titre *Avis au public* et d'une initiale ornée, et suivis d'une défense de lacérer ladite affiche et aux afficheurs-jurés de la recouvrir !

La sorte — car c'en était une — était bonne, et l'enquête ouverte pour en découvrir l'origine fit connaître qu'elle était l'œuvre de quatre compagnons de la veuve Grou, rue de la Ruchette, à l'enseigne du Soleil d'or, qui en avaient imprimé en cachette quatorze exemplaires pour s'amuser à l'occasion du Carnaval.

Deux d'entre eux avaient bel et bien été arrêtés et conduits en prison ; mais il est à croire qu'ils furent relaxés dès qu'on sut à quoi s'en tenir sur la nature de leur forfait.

* * *

Au milieu des querelles qui les divisaient souvent, ouvriers et patrons retrouvaient parfois ce florissant état signalé par les lettres-patentes du 19 juillet 1542, qui tendent à les rendre « vivans honnestement en paix, amitié et accord, comme ils faisoient anciennement... ». Des maîtres eurent à cœur de traiter d'une manière affectueuse leurs ouvriers, qui s'ingénièrent à prouver leur reconnaissance. Ainsi, en septembre 1763, M. Herissant, « imprimeur des Cabinet, Maison et Bâtimens du Roi, Académies des Arts et Manufactures Royales », recevait un compliment en vers à lui présenté « par ses très-humbles et très-obéissans serviteurs, les ouvriers de son imprimerie[*] ». La pièce n'a aucune valeur au point de vue littéraire, c'est un assemblage de lieux communs, mais elle témoigne de relations cordiales bonnes à enregistrer.

Un autre nom à citer est celui de M. Coignard, imprimeur-libraire, mort le 2 novembre 1768. Par son testament, il laissait 800 l. de rente pour aider les quatre plus

---

* *Mémoire sur les vexations qu'exercent les libraires et imprimeurs de Paris.* Ce virulent pamphlet, publié en 1725, a été réédité par M. Lucien Faucou (Paris, *Le Moniteur du Bibliophile*, 1879). — Voir surtout le chapitre des *Vexations contre les compagnons imprimeurs.*

** Bibl. nat., man. 22.064, fol. 189 à 191.

* B. N., man. f. f. 22.109, fol. 128-129. In-4° de 3 p.

anciens protes ou garçons imprimeurs hors d'état de travailler ; plus 400 l. pour le soulagement des pauvres compagnons imprimeurs, même de ceux retirés à Bicêtre, en choisissant de préférence ceux de Paris ou ayant travaillé dans son imprimerie[*].

Dans un champ plus restreint, mais tout aussi intéressant, nous voyons à Troyes, en 1672, l'imprimeur Eustache Regnault léguer 10 l. à son compagnon B. Gouget ; en 1686, Yves II Girardon laisse également diverses petites sommes à ses compagnons, à ses couturières de livres, à son apprenti.

* * *

Aussitôt que la Révolution eut abrogé les lois restrictives de l'ancien régime, nos confrères se hâtèrent de se grouper, comme ils l'avaient été auparavant.

Une lettre datée de Paris (10 août 1790) raconte au *Journal de Troyes* une séance donnée par une société d'ouvriers imprimeurs de la capitale, dans une salle des Cordeliers, pour y célébrer une fête funèbre, rehaussée de musique, en l'honneur de Benjamin Franklin. Sur une colonne élevée au milieu était placé le buste de ce grand homme, portant une couronne civique ; au-dessous étaient une casse, une presse et divers attributs du métier. Tandis qu'un apprenti imprimeur prononçait l'éloge de Franklin, des ouvriers étaient occupés à l'imprimer et les exemplaires en étaient distribués aux assistants. Ceux-ci prêtèrent ensuite le serment civique ; puis un ancien avocat demanda à appuyer de quelques réflexions les principes de l'orateur ; il remercia les organisateurs de leur initiative, les félicita de célébrer la liberté de la presse et leur dit, entre autres choses : « L'histoire racontera votre utile coalition, nos neveux sauront que les ouvriers imprimeurs, regardés jusqu'alors comme des instruments passifs et faibles, sont ceux qui ont le mieux connu, le mieux senti le prix, l'emploi et le véritable but de l'art qu'ils exercent. »

Ce n'est pas la seule preuve de patriotisme fournie par les compagnons imprimeurs : on connaît l'exemple donné par les ouvriers de l'imprimerie Panckoucke, en 1792, s'engageant à envoyer cinq d'entre eux à la frontière et à les entretenir à leurs frais[*]. A Troyes, la même année, les imprimeurs Sainton et André, chargés des impressions du nouveau département de l'Aube, ne pouvaient y suffire, « leurs ouvriers étant presque tous enrôlés dans les compagnies des volontaires » ; on dut les soulager en confiant une partie des travaux à leurs confrères de la ville. A Blois, en l'an IV, l'imprimeur Pinel sollicita la dispense de service de son ouvrier, « dont le départ l'obligerait à abandonner l'imprimerie qu'il a installée nouvellement et qui est reconnue d'extrême urgence par les administrations[**] ».

Ces points établis, le lecteur sera plus à même d'apprécier la jurisprudence toute spéciale dirigée contre les compagnons de notre corporation, dont l'insubordination faisait le désespoir de leurs maîtres et de l'autorité.

Dès 1481, l'article IX des Statuts de la communauté des enlumineurs et relieurs de Toulouse s'élevait contre les mauvais ouvriers :

« Comme on ne peut connaître tout d'un coup, mais bien au bout d'un long intervalle de temps, la valeur morale d'un homme, et qu'il y a un grand nombre de gens, vagabonds et exploiteurs sans bonne foi, qui, pleins d'une soif de lucre, sont continuellement occupés à courir le monde avec l'intention bien arrêtée de tromper les personnes d'un naturel trop confiant et de se faire livrer par elles leurs manuscrits sous prétexte de les enluminer, et qui les emportent, les prêtent, les traduisent ou les vendent, contre le gré de leurs possesseurs, fraudant ces derniers et partant avec l'argent qu'ils ont recueilli de la sorte, sans même payer le prix de leurs logements, les capitouls ont ordonné que nul ne pourra à l'avenir être reçu dans la corporation, s'il n'est véritablement citoyen de Toulouse, ou si, du moins, il n'y a habité sans interruption pendant un an et un jour[***]. »

---

[*] B. N., man. 22.064, fol. 223.

[*] *Arrêté pris par les ouvriers de l'imprimerie de Panckoucke*, 1792, br. in-8.

[**] Catalogue IX de *la librairie* A. Saffroy, n° 12907.

[***] Antoine du Bourg, *Les corporations ouvrières de la ville de Toulouse du XIIIe au XVe siècle*, p. 61.

Au commencement de 1501 (1502 nouveau style [*]), Alde Manuce se plaint de la désertion de ses ouvriers, qui demandaient une augmentation de salaire. Le 16 mars 1503 (1504 n. st.), dans un *Monitum* contre les contrefacteurs, il dit que ses ouvriers s'allient à ceux-ci pour lui nuire : « J'ai dû encore subir quatre fois dans mon imprimerie la conspiration de mes ouvriers et manœuvres agissant sous l'influence de la cupidité... [**] ».

Ces griefs ne s'adressaient pas seulement aux ouvriers de quelques ateliers ; les vices qu'ils décèlent étaient habituels dans la corporation. C'est du moins ce qui semble résulter de deux graves conflits survenus à la même époque, entre les maîtres et les compagnons de Paris et ceux de Lyon, de 1539 à 1542.

Ces deux affaires ont été étudiées à fond, sur les documents originaux, par M. Henri Hauser [***] ; avec l'assentiment de l'auteur, nous allons les raconter succinctement d'après ses travaux. Celle de Lyon paraît avoir éclaté la première ; néanmoins, comme l'édit rendu sur celle de Paris est le premier en date, nous commencerons par exposer les faits qui l'ont motivé.

« Notons d'abord, dit M. Hauser, que les choses ne se passent pas exactement à Paris comme à Lyon. Tout d'abord, est-il certain que le travail ait effectivement cessé dans l'imprimerie parisienne dès le début du conflit ? C'est ce que le texte ne dit nulle part... Il s'agit bien d'une coalition ayant pour objet la cessation combinée du travail, mais la grève avait-elle déjà éclaté ou était-elle simplement menaçante ? Il est vrai que, dans le cinquième article, on interdit aux compagnons de faire « aucun *tric* [****],

qui est le mot pour lequel ils laissent l'œuvre ».... En outre, la question des apprentis semble avoir joué à Paris un rôle tout à fait prépondérant, bien plus important que celui des salaires [*].

De même, le *tric* lyonnais — on le verra plus loin — fut tout d'abord une sorte de débat entre la confrérie des maîtres et celle des ouvriers, débat porté devant la juridiction du lieutenant du sénéchal, représentant local de la justice royale ; le roi n'était intervenu qu'ensuite, à la prière du consul et de la municipalité, unis aux maîtres, pour confirmer les sentences de son délégué et lui conférer l'autorité nécessaire pour châtier les récalcitrants ; tandis qu'à Paris les maîtres s'adressent directement au roi, qui leur donne complètement raison et laisse aux tribunaux ordinaires, Châtelet et Parlement, le soin d'assurer l'exécution de son ordonnance. Enfin, à Paris, où la confrérie des ouvriers n'était peut-être pas aussi puissamment organisée, on ne signale pas, dans le début du moins, de violences contre les maîtres ni contre le guet. De là les différences qui distinguent les préambules des deux ordonnances, copiées l'une sur l'autre pour tout le reste.

C'est donc sur la prière « de nos bien aimés les maîtres imprimeurs des livres de notre bonne ville et cité de Paris » que François Ier rendit, le 31 août 1539, un édit

---

dans lequel il ne fait d'ailleurs que sanctionner les articles soumis à son examen par les demandeurs.

Un court préambule expose « que les compagnons et ouvriers dudit état d'imprimeurs..., au moyen de certaine confrérie particulière qu'ils ont élue entre eux, ont par monopole et voie indirecte fait délibération de ne [pas] besogner avec les apprentis, ce qui pourrait causer la perdition et discontinuation dudit état, font banquet des deniers qu'ils tirent des apprentis, leur font faire serment tel qu'il leur plaît, et au moyen de ladite confrérie, assemblée et monopole, cet estat, qui par ci-devant était venu en augmentation, tombe et vient en discontinuation, destruiement, et les livres incorrects et mal imprimés ».

Puis viennent les articles proposés par les maîtres imprimeurs ; on y retrouve les termes textuels de la sentence du sénéchal de Lyon, du 31 juillet 1539, confirmée le 21 août par le roi, et qui dut servir de modèle à la requête des maîtres parisiens. Aussi n'est-il pas impossible d'établir une liaison entre les deux mouvements ; c'est ce que semble d'ailleurs avoir fait le pouvoir royal en leur appliquant la même législation, modifiée seulement en certains points secondaires.

Voici ces articles :

« Premièrement, que lesdits compagnons et apprentis d'icelui état d'imprimeur n'aient à faire aucuns serment, monopoles, et n'avoir aucun capitaine entre eux, lieutenant, chef de bandes ou autres, ni bannières ou enseignes, ni s'assembler hors les maisons et poêles de leurs maîtres ni ailleurs en plus grand nombre de cinq sans congé d'autorité de justice, sur peine d'être emprisonnés, bannis et punis comme monopoleurs, et autres amendes arbitraires ;

« Item qu'iceux compagnons ne porteront aucunes épées, poignards ni bâtons invasibles ès maisons de leursdits maîtres, en l'imprimerie ni par ladite ville, et ne feront aucune sédition, sous peine que dessus ;

« Item que lesdits maîtres fassent et puissent faire prendre autant d'apprentis que bon leur semblera, et que lesdits compagnons ne puissent battre ni menacer lesdits apprentis, ains les laisser besogner à la volonté et discrétion de leur maître ;

et lesdits compagnons et apprentis ne feront aucuns banquets, soit pour entrée, issue d'apprentissage ni autrement pour raison dudit métier, sur les peines que dessus * ;

« Item ne feront aucune confrérie, ni célébrer messe aux dépens communs desdits compagnons et apprentis, ne pourront choisir ni avoir lieu particulier, ni destiner ni exiger argent pour faire bourse commune comme ils ont fait par ci-devant, pour fournir aux dépens de ladite confrérie, messes, banquets, ni pour faire autre conspiration, sur les peines que dessus ;

« Item lesdits compagnons continueront l'œuvre encommencée et ne la laisseront qu'elle ne soit parachevée, et ne feront aucun tric, qui est le mot pour lequel ils laissent l'œuvre, et ne feront jour pour jour, ains continueront, et s'ils font perdre forme ou journée aux maîtres par leurs fautes et coulpes, seront tenus de satisfaire lesdits maîtres ;

« Item si le marchand à qui sera l'ouvrage veut avoir plus hâtivement l'œuvre que ne se pourrait faire par ceux qui l'auraient commencée, le maître en pourra bailler une partie à faire à d'autres imprimeurs, néanmoins lesdits compagnons ne lairront (laisseront) icelle encore qu'elle ne soit parachevée par eux ou lesdits autres. Et pourront lesdits maîtres assortir lesdits compagnons en leurs ouvrages ainsi qu'ils verront être utile et nécessaire ;

« Item que lesdits compagnons feront et parachèveront les journées aux vigiles des fêtes, sans rien laisser pour faire ne besogner lesdites fêtes, auxquels jours lesdits maîtres ne seront tenus ouvrir imprimeries pour besogner, si n'était pour faire quelque chose préparative et légère pour le lendemain ;

« Item iceux compagnons ne feront aucunes fêtes que celles qui sont commandées par l'Eglise ;

« Item que lesdits maîtres fourniront

---

* La deuxième partie de cet article forme le quatrième de l'édit de 1541 ; c'est peut-être l'origine du fameux *article quatre* dont la tradition s'est perpétuée jusqu'à nos jours. Mais où sont les banquets d'antan ? — Dans de nombreuses corporations, l'aspirant à la maîtrise offrait à dîner aux chefs de la communauté le jour de sa réception : la loi dut intervenir pour fixer le coût maximum de ces gracieusetés, qui dégénéraient parfois en de véritables exactions.

auxdits compagnons les gages et salaires pour chacun mois respectivement et les nourriront et leur fourniront la dépense de bouche raisonnablement et suffisamment selon leurs qualités, en pain, vin et pitance, comme on a fait de coutume louable ;

« Item s'il y a aucune plainte de pain, vin et pitance, lesdits compagnons pourront avoir recours au prévôt de Paris ou aux conservateurs de nos privilèges ou à leurs lieutenants pour y pourvoir sommairement; et sera ce qu'il en sera ordonné exécuté inclusivement, nonobstant appel, comme en matière d'aliments ;

« Item lesdits gages et dépens desdits compagnons commenceront quand la presse commencera à besogner et finiront quand ladite presse cessera ;

« Item s'il prend vouloir à un compagnon de s'en aller après l'ouvrage achevé, il sera tenu d'en avertir le maître huit jours devant afin que durant ledit temps ledit maître et ses compagnons besognants avec lui se puissent pourvoir * ;

« Item si un compagnon se trouve de mauvaise vie, comme mutin, blasphémateur du nom de Dieu ou qu'il ne fasse son devoir, le maître en pourra mettre un autre au lieu de lui sans que pour ce les autres compagnons puissent laisser l'œuvre encommencée ;

« Item que lesdits maîtres ne pourront soustraire ni malicieusement retirer à eux les apprentis, compagnons et fondeurs ni correcteurs l'un de l'autre, sur peine des intérêts et dommages de celui à qui aura fait la fraude et d'amende arbitraire ;

« Item ne pourront prendre les maîtres, imprimeurs et libraires les marques des uns des autres, ains chaque maître en aura une à part soi, différentes les unes des autres, en manière que les acheteurs des livres puissent facilement connaître en quelle officine les livres auront été imprimés, et lesquels livres se vendront auxdites officines et non ailleurs ;

« Item si les maîtres imprimeurs des livres en latin ne sont savants et suffisants pour corriger les livres qu'ils imprimeront, seront tenus à avoir correcteurs suffisants sur peine d'amende arbitraire, et seront tenus lesdits correcteurs bien et soigneusement de corriger les livres, rendre les corrections aux heures accoutumées d'ancienneté * et en tout faire leur devoir ; autrement seront tenus aux intérêts et dommages qui seraient encourus par leur faute et coulpe ;

« Item et pour ce que le métier des fondeurs de lettres est connexe à l'art d'imprimeur et que les fondeurs ne se dient imprimeurs ni les imprimeurs ne se dient fondeurs, lesdits articles et ordonnances auront lieu quant aux commandements, inhibitions, défenses, ès peines dessusdites, aux compagnons et apprentis fondeurs ainsi qu'ès compagnons et apprentis imprimeurs, lesquels outre les choses dessusdites seront tenus d'achever les fontes de lettres par eux encommencées et les rendre bonnes et valables, autrement seront tenus aux intérêts et dommages des maîtres ; et commenceront à besogner par chacun jour à cinq heures du matin et pourront délaisser à huit heures du soir qui sont les heures accoutumées d'ancienneté. »

Les compagnons s'opposèrent, mais en vain, à l'enregistrement de cet édit ; il eut lieu le 14 novembre suivant, à la suite de nouvelles lettres du 14 octobre, dans lesquelles il est exposé que « aucuns desdits serviteurs non voulants eux régler ni conformer à raison, mais continuer au désordre dessusdit, se sont opposés à ladite publication et observation de nosdites lettres et par le moyen de leur opposition s'efforcent continuer les monopoles, assemblées illicites, forces, violences et ports d'armes, autant ou plus qu'ils auraient accoutumé de faire, tenant les maîtres imprimeurs en plus grande sujétion, captivité et crainte qu'auparavant, les injuriant et menaçant tant en public que en privé, troublant leurs maisons et familles et faisant discontinuer le train de l'imprimerie, au grand mépris et irrévérence de nosdits édit et ordonnance, détruiement et dommage de la chose publique. »

Les compagnons ne se tinrent pas pour

---

* A remarquer qu'il n'est pas ici question de réciprocité.

* Nous ignorons quel était le délai accordé par l'usage pour la correction des épreuves. Dans un contrat du 24 mai 1655, pour l'impression d'un ouvrage édité à Troyes, il est dit que le correcteur rendra les épreuves une heure et demie après les avoir reçues.

battus ; ils firent encore opposition, mais d'une façon plus régulière, et sur certains articles seulement de l'édit : les 3ᵉ, 6ᵉ, 7ᵉ, 13ᵉ et 17ᵉ. Un édit du 19 novembre 1541 se chargea de les mettre à la raison en ordonnant que les précédentes ordonnances recevraient leur pleine et entière application et défendant aux perturbateurs « de ne plus lever argent en commun pour plaider contre la teneur d'icelui notre édit, mais que dorénavant ils aient à besogner quand ils en seront requis par les maîtres en leur offrant et baillant les gages et nourriture accoutumés, vivant honnêtement en paix, amitié et accord comme ils faisaient anciennement et que est contenu par iceux nosdits ordonnances et édit. »

A la même époque où se mutinaient les compagnons parisiens, probablement même un peu auparavant, les compagnons de tous les ateliers de l'imprimerie lyonnaise se mirent en grève ; c'était au printemps de 1539. Aussitôt on put les voir errer par la ville, en armes, de jour et de nuit, menaçant les compagnons et les apprentis qui ne voulaient pas quitter l'ouvrage « de les battre et mutiler », mettant même ces menaces à exécution ; ils frappent aussi les maîtres qu'ils peuvent rencontrer, jusqu'au prévôt et aux sergents envoyés contre eux : « Ils ont si souvent battu le guet que le guet n'ose plus sortir. »

Pour justifier leur mutinerie, les compagnons se plaignent de toucher des salaires [*] insuffisants et inférieurs à ceux d'autrefois, de ne pas pouvoir travailler à leur gré, et aussi du nombre trop considérable des apprentis.

Une sentence du sénéchal (31 juillet) leur donne en partie satisfaction sur la question des salaires, en ordonnant que les compagnons soient nourris comme ils doivent l'être ; les maîtres opéraient, paraît-il, de fortes économies sur ce chapitre, en se plaignant des exigences de leurs ouvriers. On avait bien offert à ceux-ci un salaire unique, qu'ils pouvaient employer à leur guise ; ils le repoussèrent en objectant que les conditions particulières de leur industrie les obligeaient à vivre ensemble en la maison du maître. S'ils allaient manger chez eux ou à la taverne, disent-ils, il ne

leur serait guère possible de se trouver tous à l'atelier à la même heure, et il suffit que l'un d'eux soit absent pour que les autres ne puissent commencer la tâche ; et ils ajoutent : « Si leur serait donné occasion d'eux débaucher, allant ainsi vivre par tavernes. »

Sur le deuxième point, les maîtres avaient répondu que leurs compagnons voulaient travailler seulement quand bon leur semblait. « Il était impossible, par exemple, d'exiger d'eux qu'ils achevassent leur journée les veilles de fêtes ; par contre, il leur arrivait de vouloir se faire ouvrir l'atelier les jours fériés pour terminer la besogne qu'ils avaient laissée en train. »

Le principe qui domine le jugement du sénéchal, sur ce point, est que tout travail commencé doit être terminé, sans interruption, par les mêmes ouvriers : « 1° Les compagnons ne peuvent quitter leur tâche, individuellement ou collectivement, sous peine de payer au maître et la forme qu'ils auront fait perdre et la valeur des journées de chômage ; — 2° Inversement, dès que la « presse » est commencée, les maîtres leur doivent leurs salaires jusqu'à entier achèvement de la besogne, et ne peuvent les renvoyer que s'ils ne font pas leur devoir ; — 3° Les maîtres peuvent remplacer l'ouvrier qui tombe malade en cours d'œuvre, et par qui bon leur semble. On ne songe même pas à dire, mais il est évident, qu'ils ne payent au malade que les journées pendant lesquelles il a effectivement travaillé ; — 4° En cas de hâte dans l'exécution d'une commande, le maître peut adjoindre aux ouvriers déjà chargés de cette commande d'autres ouvriers, à qui il distribuera une partie du travail, sans que les compagnons puissent s'en plaindre et en tirer prétexte pour quitter l'atelier ; — 5° Il est interdit de travailler les jours de fêtes ; — 6° En dehors des fêtes, il n'y aura chômage que pour la mort du maître ou de sa femme.)»

« Il n'est pas difficile de voir que le représentant de la justice royale favorise les maîtres. La violation du contrat de travail est punie, lorsqu'elle est commise par les ouvriers, de peines pécuniaires et corporelles qui peuvent aller jusqu'au bannissement. Et cependant il est loisible aux maîtres de modifier arbitrairement les conditions du travail, soit en augmentant le

---

[*] Distingués en salaire-argent et salaire-nourriture.

nombre des apprentis, soit même en introduisant dans l'usine de nouveaux ouvriers. Or, si l'un des éléments du salaire, la nourriture, est juridiquement fixé, on ne voit point qu'on édicte un minimum pour le salaire-argent, qui continue sans doute à être régi par la loi de l'offre et de la demande* (s'il en eût été autrement, on ne comprendrait pas pourquoi les ouvriers continuent à protester contre le nombre d'apprentis). Le droit de coalition est retiré aux compagnons, tandis qu'on ne supprime nullement la confrérie patronale. Aucune garantie n'est accordée à l'ouvrier malade, et on porte gravement atteinte à la solidarité qui liait alors très étroitement entre eux les compagnons d'une même corporation, puisqu'on leur retire le droit même de suivre le convoi de l'un d'entre eux. »

« Cet ensemble de dispositions, continue M. Hauser, parut au sénéchal si difficile à réaliser, qu'aussitôt après avoir rendu la sentence il en suspendit l'exécution et soumit l'affaire au Conseil privé. La réponse ne se fit pas attendre, car les « lettres « royaulx » furent signées « par le roy en « son conseil » le 21 août 1539. — Le pouvoir central se place surtout au point de vue de l'intérêt public : 1° La continuation de la grève aurait pour résultat la disparition de l'imprimerie lyonnaise et peut-être son transfert hors de France ; 2° Les compagnons se sont mis en état de rébellion et troublent l'ordre public. Aussi le roi ratifie pleinement, dans toutes ses parties, la sentence et ordonnance du sénéchal, et en prescrit l'exécution immédiate, nonobstant tous appels et oppositions. En second lieu, le roi organise contre les délits commis ou à commettre par les compagnons une procédure particulière. Toutes les informations commencées par la justice ordinaire pour monopoles ou violences seront remises entre les mains du sénéchal, qui procédera contre les délinquants par ajournements personnels. Il pourra les condamner non seulement à la prison et au bannissement, mais même à la torture et à la peine capitale. Dans ces deux derniers cas, il devra juger avec le concours de « notables person- « nages, avocats ou autres, expérimentés en

* On invoque ici aussi la coutume ancienne, mais sans instituer une surveillance comme pour les aliments.

« fait de judicature », au nombre de six pour les sentences de torture, de dix pour les sentences définitives. Les jugements ainsi rendus seront exécutoires sans appel.

« On voit avec quelle dureté le pouvoir royal intervenait dans le conflit. C'est dans ce même mois d'août 1539 que fut signée la célèbre ordonnance dite de Villers-Cotterets, pour la réformation de la justice. Il est difficile de ne pas établir une relation entre cette ordonnance organique et les lettres du 21 août, datées de la même résidence. Celles-ci retiraient le droit de coalition aux imprimeurs lyonnais, celle-là édicte une série de dispositions générales (art. 185-192) qui suppriment complètement ce droit dans tout le royaume. Dans les deux mois qui suivront la promulgation de l'ordonnance, les chefs des confréries devront remettre aux juges royaux tous les objets et biens qui servaient au fonctionnement de ces associations, et dorénavant il est défendu aux ouvriers « de ne « faire aucunes congrégations ou assem- « blées grandes ou petites et pour quelque « cause ou occasion que ce soit, ni faire « aucuns monopoles et n'avoir ou prendre « aucune intelligence les uns avec les au- « tres du fait de leur métier, sur peine de « confiscation de corps et de biens ».

Les lettres du 21 août, non plus que l'ordonnance de Villers-Cotterets, ne purent rétablir l'ordre. Les compagnons en appelèrent au Parlement, toujours disposé à écouter leurs doléances ; et il fallut que de nouvelles lettres (29 septembre), confirmant les premières, interdissent à la cour du Parlement de juger cette question.

« C'était compter sans la ténacité des ouvriers à défendre leur droit et aussi sans l'ardeur du Parlement de Paris à maintenir son autorité contre les empiètements des juridictions secondaires. Aux mois de septembre et d'octobre 1540, le Parlement vint tenir des grands jours à Moulins ; les ouvriers lyonnais, dont la confrérie subsistait toujours au mépris des ordonnances, obtinrent de la cour un arrêt qui rétablissait, en matière d'apprentissage, les anciennes règles corporatives... Forts de cet arrêt, les compagnons poursuivirent en justice (nous ignorons par quel procédé, puisqu'ils n'avaient plus légalement d'existence collective) les maîtres qui ne voulaient pas s'y conformer, et voulurent les actionner en dommages-intérêts. »

Les maîtres alors, entravés dans leur besogne, décidèrent de quitter Lyon pour se retirer à Vienne ; mais cette perspective émut la municipalité, qui prit fait et cause pour ses imprimeurs, et, de concert avec eux, multiplia les démarches auprès du pouvoir royal.

Les efforts combinés de l'échevinage et des patrons imprimeurs aboutirent enfin, en dépit des oppositions rivales, à la promulgation de l'édit du 28 décembre 1541, enregistré à Lyon le 12 avril suivant. Un préambule expose succinctement les faits qui ont motivé cette mesure : «... Depuis trois ans en ça aucuns serviteurs, compagnons imprimeurs mal vivans, ont suborné et mutiné la pluspart des autres compagnons, et se sont bandez ensemble pour contraindre les maistres imprimeurs de leur fournir plus gros gages et nourriture plus opulente, que par la coustume ancienne ils n'ont jamais eu... » Les maîtres ont fait de telles dépenses pour obtenir la poursuite des rebelles, « et lesdits compagnons d'autre costé se sont si bien desbauchez, que pour ce jourd'huy ledit art d'imprimerie à cause de ce est entièrement cessé et discontinué en ladite ville de Lyon, et quasi dilaté et transporté d'icelle en austres pays, desquels il avoit été autresfois tiré... »

Le texte est identique à celui de l'édit de 1539 rendu pour Paris*; à la suite sont des défenses aux compagnons de se cotiser pour plaider contre le régime qui leur est imposé.

Cela ne les empêcha pas de manifester à nouveau leur mécontentement. C'est ce que nous apprennent les lettres patentes du 19 juillet 1542, qui disent que les compagnons, « voulans continuer leurs monopoles, troubles et discordes, se seroient opposez, alléguans ce que bon leur a semblé, pour soustenir et défendre leur mauvaise et pernicieuse entreprise... » L'article 3, surtout, était l'objet d'une opposition acharnée.

Les compagnons de Paris, disent les lettres patentes, s'étaient également opposés à la lecture et publication de l'édit les concernant ; mais on a passé outre. Il en sera de même pour ceux de Lyon. « Autrement si la voye demeure ouverte ausdits serviteurs et compagnons pour continuer procez contre leurs maistres, ce sera mettre en combustion ledit art d'imprimerie et le faire cesser. Car le but où lesdits compagnons et serviteurs ont toujours tendu et tendent est de renger lesdits maistres à leur discrétion, et ce qui les meut et persuade à vouloir empescher l'observation et entretenement d'iceluy article des apprentifs est pour ce qu'ils sçavent bien qu'un maistre ne peut besongner avec un seul ou deux apprentifs, ou compagnons : mais faut qu'il y en ait toujours cinq pour chacune presse*, et qu'estans réduits et astreints iceux maistres à n'avoir que deux ou trois apprentifs pour presse, il faudroit que de nécessité ils achetassent lesdits compagnons, lesquels au plus fort de leurs besongnes, par commune intelligence qu'ils auroient ensemble, laisseroient iceux maistres pour eux faire rechercher à grandes prières, avec payemens et salaires tels qu'ils voudroient extorquer, comme ils font ordinairement chacun jour... »

En conséquence, le précédent édit fut confirmé ; les compagnons en appelèrent encore, mais un arrêt du grand Conseil, rendu le 11 septembre 1544, mit l'appel à néant et imposa « silence perpétuel en ladite matière » aux appelants, à peine de cent marcs d'or d'amende.

S'inspirant des faits qui précèdent, l'*Histoire de l'Imprimerie*, de P. Lacroix, Fournier et Séré, ne se montre pas tendre sur le compte des anciens compagnons :

« Contre le maître il y avait toujours quelque conspiration tramée dans l'atelier, conspiration de fainéantise, de révolte ou de procès... »

Et plus loin : « Ce n'est pas arbitrairement que je fais allusion à la franc-maçonnerie ; les imprimeurs avaient la leur, organisée surtout, bien entendu, pour le

---

* Il contient 18 articles au lieu de 17 qu'en comporte celui de 1539; mais l'article 3 de ce dernier est divisé en deux parties dans celui de 1541.

* Sans doute en comptant les compositeurs, qui paraissent liés davantage à la presse que nous le sommes aujourd'hui. Chaque presse avait son équipe distincte de compositeurs et de pressiers, et l'article 12 de la déclaration de 1572 dit expressément que le maître sera tenu « de faire commencer la presse un jour après que le compositeur aura rendu la forme preste, et prins avantage ».

désordre. Chez eux, comme dans les autres corps de métiers, avec lesquels pourtant ils avaient tant de fois demandé de n'être pas confondus, chez eux, dis-je, si l'on retrouvait le compagnonnage, c'était comme organisation de trouble, comme recrutement de rebelles. A quoi leur servait, sinon pour déployer une force d'intimidation brutale, de s'en aller par bandes dans les rues, le capitaine de la corporation en tête et l'enseigne au vent? Pourquoi, si ce n'est pour faire les matamores au profit de leur haine contre les maîtres et contre l'ordre, les ouvriers marchaient-ils toujours la brette au côté, tout prêts à guerroyer? »

Voilà certes une belle tirade, qui ferait la gloire d'un procureur général en quête d'avancement; mais nos prédécesseurs méritaient-ils donc vraiment un tel luxe de sévérités? Nous hésitons à le croire et admettons volontiers qu'ils avaient, eux aussi, quelquefois à se plaindre du sort qui leur était fait par les maîtres exigeants, avares et brutaux dont le caractère nous est révélé par les textes cités précédemment. Le métier était rude, sans doute pas toujours suffisamment rémunéré, et nous ne saurions laisser passer sans protester les fâcheuses exagérations contenues dans les diatribes lancées à l'adresse des compagnons d'antan par des auteurs prévenus ou passionnés.

La réglementation paraît n'avoir eu qu'une médiocre efficacité. Ecoutons le préambule de l'édit de mai 1571, venant à la rescousse de ceux mentionnés plus haut :

« ... Nous avons esté adverti que la cherté du papier et la difficulté qu'il y a aux compagnons imprimeurs et à leur satisfaire de vivres, gages et salaires, et les tenir en devoir, apportent une telle incommodité, que partie des libraires qui souloient faire leur imprimerie en nostre ville de Lyon sont contraints faire imprimer hors nostre royaume... » Les notables marchands, « qui ont des moyens et facultez d'entreprendre les plus longs et laborieux ouvrages », sont « tellement refroidis qu'ils n'osent commettre leur travail, deniers et avances à gens si peu dociles et susceptibles de raison... ».

Ainsi, les désordres des compagnons menaçaient l'industrie nationale, déjà guettée par des voisins avides et jaloux! Aussi

le nouvel édit reproduit-il, en les amplifiant, les prohibitions des précédents. Il défend à nouveau les banquets appelés *proficiats;* supprime — nous l'avons vu plus haut — la nourriture dans la maison des maîtres; exige que ces derniers, avant que d'embaucher un compagnon, s'enquièrent s'il est libre d'engagement, se fassent représenter sa lettre de congé, etc.

Cet édit fut enregistré au Parlement le 4 septembre 1571, et dès lors rendu applicable. Mais aussitôt les compagnons commencèrent à faire contre lui « monopoles et assemblées »; ils outragèrent même un maître le jour de la publication.

A côté de ces actes violents qui ne pouvaient que nuire à leur cause, ils dressèrent un tableau de *Remontrances et Mémoires,* commun aux villes de Paris et de Lyon, dans lequel ils exposent fort sagement leurs griefs.

Résumons-en les principaux points, dont quelques-uns d'ailleurs ont déjà trouvé place en certains chapitres de cette étude.

Après avoir rappelé les différends survenus à plusieurs reprises entre eux et les maîtres imprimeurs, qui s'enrichissent « du prix de leur sueur et industrie merveilleuse », notamment en 1539, 1540 et 1541, ils arrivent à l'édit de 1571, qui fait l'objet du mémoire. Cet édit remet en vigueur plusieurs articles de celui de 1542 tombés en désuétude. « Esquels, disent-ils, combien qu'il n'y ait rien qui ne tende à la ruyne desditz compagnons, et conséquemment de toute l'imprimerie, et qu'ilz eussent matière de presque requerir la reformation de tous lesditz articles, toutesfois, pour n'empescher la Cour, et monstrer qu'ilz ne se plaignent sans grande raison, ilz se sont astraintz à cinq ou six, à sçavoir au III, VII, XI, XIII, XIIII, XIX, XX et XXII. »

Suivent leurs observations sur chacun de ces articles :

III. — « En premier lieu, le troisiesme article est de fort mauvais exemple, dommageable au public et au privé, permettant aux maistres de faire autant d'apprentifz qu'il leur plaira. » Les maîtres avaient déjà fait insérer semblable article en 1542, mais un arrêt du Conseil privé l'avait bientôt révoqué [*].

---

[*] Nous n'avons pas connaissance de l'acte prononçant cette révocation.

A la faveur de cet article, les maîtres, par raison d'économie, ne se serviraient que d'apprentis, auxquels ils ne doivent que la nourriture; on peut prévoir aussi que, grâce à l'incapacité desdits apprentis, les fautes, « dont les compagnons sont en partie responsables », se multiplieraient dans les livres, au détriment de leur art et du public.

VII. — Cet article porte ombrage aux exposants en ce que, permettant aux maîtres, en cas de besogne pressée, et à l'approche des fêtes, d'en donner tout ou partie à d'autres qu'aux compagnons, ceux-ci demeureraient privés de nourriture et de gages pendant les fêtes, la besogne pour laquelle ils auraient été embauchés étant achevée *.

XII. — Nous en avons parlé au chapitre de la nourriture.

XIII. — Par l'article XIII, le compagnon doit avertir son maître de son départ huit jours avant l'achèvement de l'ouvrage en train; cela lui est difficile, n'ayant pas les copies en mains. Les réclamants pensent que le mieux serait que le maître et le compagnon s'avertissent réciproquement du congé à prendre ou à donner.

XIIII. — « Les compagnons sont bien d'accord du XIIII. article, et ne veulent diferer de souffrir condamnation et punition de leurs demerites et vie scandaleuse, s'ilz sont vitieux : moyennant qu'ils soyent recogneuz telz par gens de bien sans passion, et non à l'appetit et simple parole du maistre, qui in sua causa judicaret. »

XIX. — « Touchant le XIX. article, les maistres ne sont aucunement recevables de mettre les apprentis hors d'apprentissage, et en bailler attestation, sans appeller les compagnons, à cause qu'il y peut avoir des maistres ignorans ou avaritieux, qui pourroyent donner attestation auxdits apprentis, telle quelle, au grand dommage desdits compagnons, qui n'ont esté receus qu'apres une longue experience et travail. » La durée de l'apprentissage devrait être fixée, « selon l'usage ancien observé dès la naissance de l'imprimerie », à savoir : ceux de la presse quatre ans et les compositeurs cinq ans; et les apprentis ne de-

vraient travailler avec les « expers » qu'au bout de trois ans au moins.

XX. — Au sujet de l'article XX, les compagnons s'élèvent contre la réception qui est faite des nouveaux maîtres par leurs confrères libraires et maîtres imprimeurs, « qui neant moins ne sont capables »; il faut appeler les compagnons, « qui sont les vrays imprimeurs, faisans la plus laborieuse et plus grande partie de l'imprimerie, et y pretendent le principal intérêt... ». De plus, l'article critiqué contrevient à toutes les coutumes et usances anciennes.

XXII. — Cet article est le pire de tous; il permet aux maîtres de remplacer par des apprentis, les compagnons qui délaisseront leur labeur, ce qui est contre ledit arrêt, qui veut que l'apprenti ne travaille avec les experts qu'au bout de trois ans. « D'avantage les fautes des apprentis, commises par ignorance, paresse, ou autrement, tombent sur les compagnons, qui sont astraintz à une certaine besongne : et luy importeroit une seule telle legiere faute, du gain qu'il feroit en un moys... »

Les compagnons appellent également l'attention sur le préjudice qui leur est causé par les articles I et II, relatifs au port d'armes et à l'organisation belliqueuse qu'on leur reprochait; par l'article XII, stipulant que les copies demeureraient aux maîtres; et par l'article XV, ordonnant que ces derniers devraient s'assurer de la liberté d'un compagnon avant de l'embaucher.

Ils invoquent, à l'appui de leur dires, une requête présentée au roi par une partie des libraires et maîtres imprimeurs, demandant eux-mêmes un adoucissement à la rigueur de ce règlement inapplicable.

Enfin, les demandeurs font un pressant appel à la justice du Parlement. La pièce est terminée par un *Sonnet de l'autheur sur l'estat des imprimeurs*, que voici :

Si les anciens tant louer le tableau
  Et tant chérir ont voulu la peincture,
  Qui représente en imitant nature,
  Du noble esprit seulement le tombeau;

Les Imprimeurs dont l'éternel pinceau
  Fait de l'esprit vivre la portraicture,
  A meilleur droict doivent de toute injure
  Estre exemptez, et leur estat tant beau.

Sus donc, Esprits gentils, qui des neuf Muses
  Avez les dons et les graces infuses :
  S'il reste en vous encor quelque bonté,

Prenez en main l'equitable defense
  Des Imprimeurs, qui n'ont pour recompense
  De tant de peine enfin que pouvreté.

A peine y suis.

---

* On a vu plus haut que les compagnons étaient liés pour toute la durée du labeur auquel ils travaillaient.

Une cause défendue de façon aussi délicatement spirituelle put-elle jamais être celle de mauvais sujets endurcis, comme nous les représentent les diatribes de leurs adversaires ?

En présence des réclamations des deux partis, un arrêt du Parlement, du 1er octobre, décide que les vingt-quatre libraires jurés s'assembleront pour aviser. De cette conférence sortit cette fois quelque avantage pour les compagnons. Une déclaration du roi, du 10 septembre 1572, qui en fut la suite, leur accorda : 1° qu'il n'y aurait pas plus de deux apprentis par presse travaillante (un à la casse, un à la presse); 2° que, lorsque les maîtres seront obligés d'interrompre un travail, ils en donneront un semblable aux compagnons en attendant, et que, si la discontinuation dure plus de trois semaines, les compagnons pourront aller s'embaucher ailleurs; 4° qu'ils auront congé le jour de la Saint-Jean-Porte-Latine et une demi-journée le jour de carême prenant et le vendredi saint; 5° que les compagnons auront 18 l. par mois à Paris (le sénéchal de Lyon fixera le salaire pour cette ville) et qu'ils ne seront plus nourris par leurs maîtres; 6° que le maître sera tenu « de faire commencer la presse un jour après que le compositeur aura rendu la forme preste, et prins avantage »; 7° que l'avertissement en cas de départ ou de renvoi sera réciproquement de huit jours; 8° que les copies devront être revues et mises au net avant que d'être données au compositeur, afin que son travail n'en soit pas retardé; 9° que les apprentis sauront lire et écrire et seront engagés pour trois ans; que les compagnons de Paris et de Lyon ne seront pas préférés à ceux des autres villes.

En dépit des attaques intéressées des maîtres soutenus par l'autorité royale, le groupement des compagnons lyonnais conservait sa vitalité; mieux que cela, il demeurait personne civile et usait des droits attachés à cette qualité. C'est ainsi que nous voyons, le 22 juillet 1580, une centaine d'entre eux, se portant forts pour leurs autres confrères habitant la ville, constituer, par devant notaire, des procureurs pour les représenter en la cour de Parlement, au Conseil privé du roi et ailleurs où besoin sera, pour « empescher et desbattre l'enterinement de certaines lettres obtenues de la part de Philippes Tinguy Florentin, et Sainphorien Beraud, et Estienne Michel, marchantz de Lyon, en la court de la chancellerie, touchant les causes contenues esdictes lettres données à Sainct-Mort-des-Fossez, le cinquiesme jour de ce présent moys de juillet, l'an de grâce mil cinq cens quatre-vingtz, ensemble toutes autres lettres que lesdits susnommez et autres pourroient avoir obtenuz touchant et concernant le faict et art de l'imprimerie; et illec desbattre et deffendre tous les droictz desdits compaignons imprimeurs susnommez et aultres leursdits compaignons jusques à sentence et arrêt deffinitif…* »

* * *

Un assez long temps passe ensuite dans un calme relatif; puis, le 15 septembre 1617, le prévôt de Paris, à la suite de faits que nous ignorons, fait défenses à tous compagnons imprimeurs et leurs complices de faire aucunes assemblées, aller en troupe tant de jour que de nuit, ni de porter épées, poignards, bâtons et autres armes offensives, sous peine d'être pendus et étranglés…

Le 1er février suivant, le même prévôt défend aux compagnons de retenir plus de quatre feuilles des ouvrages qu'ils imprimeront, à savoir : une pour le maître, une pour le libraire, une pour le correcteur et la quatrième à eux appartenant, « néanmoins sera offerte audit marchand libraire, pour leur en payer ce qu'elle vaudra, sinon et à son refus permis à eux d'en disposer ».

Le règlement de 1618 (art. 34) dit : « Sera défendu à tous compagnons imprimeurs, libraires et relieurs de faire aucune assemblée, tant en général qu'en particulier, ni de porter aucunes armes offensives ou défensives, de jour et de nuit, seuls ou en compagnie, et pour quelque cause que ce soit; même de faire aucun *tric* dedans les imprimeries ni ailleurs; comme aussi ils ne feront aucun serment entre eux, et n'exigeront argent pour faire l'exercice commun,

---

* Min. Pourcent, notaire. — Publié dans la *Bibliographie lyonnaise* de M. le président Baudrier, 3e partie, p. 1 à 4, avec deux *fac-simile*. L'acte laisse dans l'ombre la cause du litige, et nous n'avons pas trouvé les lettres royales du 5 juillet, qui y sont seulement citées, pour combler cette lacune.

comme ils ont ci-devant fait, sur les peines portées par l'édit de l'an 1572 et autres plus grandes s'il y eschet. »

Le 11 juillet 1646, le 5 février 1648, des sentences du Châtelet défendent aux compagnons imprimeurs de faire de la librairie sans avoir été reçus à la maîtrise, avec la connivence des maîtres qui les couvrent et les font travailler sous leur nom.

On a vu plus haut que cette substitution fut parfois tolérée chez les imprimeurs.

Ici doit s'inscrire l'important édit de décembre 1649, dont l'article 30 réédite les défenses de l'article 34 de 1618 contre les compagnons. Il faut croire qu'en effet la conduite de ceux-ci nécessitait des mesures sérieuses, car on lit dans un article sur *Les Arts liberaus, et Mechaniques*, extrait d'un ouvrage intitulé : *L'Idee generale des Sciences* (p. 344), le passage suivant sur l'imprimerie * :

« Cepandant c'est vn regret non moins légitime qu'vniuersel, de tous les Auteurs, Imprimeurs, et Libraires, qui ont les vrais sentimans de l'honneur des Lettres et du Bien public; de voir les désordres étranges qui regnent dans la plûpart de nos Imprimeries Françoises, principalement depuis vingt ou trante ans. Leur source, à ce qu'ils disent eus-mêmes, c'est le trop grand nombre d'Ouvriers peu habiles. L'épargne auaricieuze et mesquine, de quelques-vns qui ne visent qu'à gagner, sans se soucier de la beauté de leurs Ouvrages. Le mélange des caractères demi-vzez. La mauuaise ancre, et le mauuais papier. Le peu de soin que quelques Maîtres apportent à la presse, et à la correction; auec la débauche et le libertinage des Compagnons, qui ne visent qu'à acheuer leur tâche, à la chapelle et à la banque : non pas à donner au jour de belles productions, qui pourroient encore égaler, ou surpasser dans Paris la gloire des Estiennes, des Morels, des Plantins, et des Cardons. »

La mauvaise besogne effectuée par certains compagnons avait été déjà dès longtemps réprouvée.

Ainsi, un « Avis au Lecteur », placé par le régent de l'Université de Poitiers, Vincent de Melle, en tête d'une édition du *Gré-*

cisme d'Ebrart ou Everaert de Béthune, qu'il donna au XVe siècle, se plaint que « des compositeurs ignorants avaient défiguré son travail, ne tenant pas compte des suppressions faites sur le brouillon qui servait de copie, omettant les renvois qu'il avait indiqués et ajoutant des inepties de leur propre autorité, sous prétexte de remplir le vide de la marge. Lorsqu'ils étaient gênés par la place au bas d'une page qui devait contenir un sens complet, ils avaient opéré des retranchements et mutilé son œuvre, changeant les mots, mettant une lettre pour une autre, transposant des vers d'un chapitre à l'autre, passant non seulement des mots entiers, mais encore la glose, faisant ainsi mille fautes énormes*.»

Les imprimeurs poitevins d'une édition des poésies de Guillaume Castel ou Chastelier, de Tours, s'excusent de même des fautes provenant du fait du copiste ou des compositeurs**.

L'édit de 1649 eut les suites que l'on sait au point de vue de la fixation des salaires. Un arrêt du 7 septembre 1650 modifie légèrement quelques-unes de ses dispositions; un autre, du 2 septembre 1653, puis celui du 14 juillet 1654, s'efforcent de réprimer « les désordres des compagnons imprimeurs »; le dernier confirme l'obligation des lettres de congé, « et d'autant que le petit nombre des compagnons imprimeurs rendent ceux qui restent plus insolents et insupportables et causent tous les susdits désordres », permet aux imprimeurs — pendant dix années seulement — de prendre des apprentis ne sachant que lire et écrire, sans en exiger les connaissances de latin et de grec stipulées par les anciens règlements.

Les compagnons réclamèrent encore; ils obtinrent quelques améliorations sur les conditions du travail par un arrêt du 12 janvier 1658, qui ne répond pas à leur requête tendant à défendre aux maîtres de « semer des billets » pour les retenir chez eux.

Ces « billets », dont il est souvent question dans les récriminations de nos ancêtres, étaient sans doute des avis que se

---

* Bibl. nat., man. 22.108. — La pièce (in-4°) est datée de 1650.

* *Origines et débuts de l'imprimerie à Poitiers*, par M. A. Claudin, p. 45.
** *Ibid.*, p. 132.

donnaient les maîtres quand un de leurs compagnons voulait les quitter, afin qu'il ne trouve pas d'embauche ailleurs.

Le 14 août 1655, un arrêt du Parlement régla les rapports des compagnons et des maîtres imprimeurs de Lyon.

* * *

De ce qui précède il ressort que si les maîtres, aidés par les détenteurs du pouvoir et de la justice, ne négligeaient rien pour réduire les compagnons, ceux-ci disputaient pied à pied le terrain, quelquefois avec avantage. On leur reproche et on leur défend de plaider contre leurs maîtres, de s'assembler et de se cotiser dans ce but et de faire bourse commune pour quelque motif que ce soit.

Cela suppose une organisation sérieuse, suivie, et non l'effort éphémère et sans portée d'une poignée de mécontents. En effet, en dépit des lois, les compagnons imprimeurs étaient réunis en une association qui, sous le titre et les allures d'une confrérie religieuse, était une véritable société de lutte et de résistance.

Leur confrérie était établie en la chapelle des religieux de Saint-Jean-de-Latran*; quatre « marguilliers » ou procureurs les dirigeaient ; ils avaient des archives et quelques objets mobiliers.

La communauté des imprimeurs voyait avec déplaisir l'existence illégale du groupe des compagnons ; elle obtint du Parlement, le 13 avril 1658, un arrêt leur défendant une fois de plus de s'assembler, aux ecclésiastiques de Saint-Jean de leur donner asile dans leur église, de leur y prêter une chapelle, aux soldats des gardes de leur prêter main-forte, et déclare responsables les quatre « soy-disans » marguilliers de la confrérie.

Que se passa-t-il alors ? Des textes incomplets ne nous en donnent qu'une idée imparfaite. Le 13 juin suivant fut rendu « un arrest de mainlevée de la saisie faite par les compagnons sur Denis Bochet, scindic…, avec une signification ausdits compagnons imprimeurs de retirer les caractères du may ».

Ce « may » fut encore un peu plus tard l'objet de contestations. Parmi les papiers de la confrérie des compagnons figure, à la date du 12 avril 1665, « une requeste présentée à Monsieur le Lieutenant civil afin de faire imprimer le may, de porter armes et d'aller par les rues avec tambours et trompettes le jour de saint Jean porte latine, comme il s'estoit pratiqué de tout temps ».

Dans certaines villes, à Paris et à Lyon, notamment, les imprimeurs avaient l'habitude de planter, le jour de leur fête corporative, un « mai » devant la porte de quelque haut personnage, à qui l'on dédiait en même temps un placard en vers plutôt médiocres, « que les membres de la corporation affichaient dans leur boutique, auprès du rameau de verdure détaché du mai annuel et votif de la confrérie* ».

Nous ne devinons pas ce que les compagnons avaient bien pu saisir sur le syndic de la communauté patronale ; toujours est-il qu'ensuite de cette saisie ils s'étaient vu enlever à leur tour les caractères de leur « may », composé sans l'autorisation préalable qu'on les voit demander quelques années plus tard, et peut-être irrespectueux envers quelque gros bonnet.

Dans ces mêmes archives de la confrérie ouvrière existait une autre requête, paraissant datée du 12 octobre 1676, et présentée au Parlement « sur les menaces des maistres imprimeurs de faire saisir le poil et argenterie des compagnons imprimeurs aux convois enterrement et de les empescher de faire dire et célébrer le service divin… ».

---

* Dans un *Factum* imprimé en 1664, ils déclarent que depuis plus de cent ans ils font dire une messe tous les dimanches.

* Paul Sébillot, *Légendes et curiosités des métiers : les Imprimeurs.* — Lacroix, Fournier et Séré, *Histoire de l'Imprimerie*, p. 151. — Voir aussi *Recherches historiques sur la coquille des imprimeurs*, par Arnould Locard. Ce dernier ouvrage raconte, avec documents à l'appui, les fêtes burlesques que donnaient chaque année, au XVIe siècle, les imprimeurs de Lyon à leurs concitoyens, sous le nom de *Promenade du seigneur de la Coquille ;* les compagnons y remplissaient un rôle très actif. A ce sujet, recueillons en passant une appréciation sur nos anciens confrères qui se trouve dans un récit primitif de ces mascarades, et contemporain d'icelles. Il est question de leur participation à la cérémonie : « Ce qui a esté faict par *ce peu de bons Compagnons Imprimeurs* qui sont encore à présent en ladicte ville [de Lyon] : sans auoir rien changé ny en leur Art, ny en leur Religion et espèrent faire de mieux en mieux, moyennant la grace de Dieu. »
« On doit voir dans ces lignes, dit M. Locard, une allusion aux événements religieux qui se passèrent à Lyon au moment de la Réforme, en 1527, et au cours desquels plus d'un imprimeur sans doute abjura la foi de ses pères. »

Ces menaces durent recevoir un commencement d'exécution, au cours duquel aurait été dressé un « Mémoire des tiltres et papiers qui sont dans le coffre qui est dans l'église de saint Jean de Latran appartenant aux Compagnons imprimeurs apprentifs de l'Université de la ville de Paris, qui sont plusieurs édits, déclarations, règlemens et arrests du Conseil privé du Roy et du Parlement* ». Ce mémoire, dont la pièce extrême est précisément datée de 1677, en mentionne une centaine depuis 1571.

On retrouve néanmoins les compagnons à Saint-Jean-de-Latran en 1701 et en 1724.

* * *

Mais une question secondaire nous a entraîné hors de l'ordre chronologique que nous nous sommes efforcé de suivre dans cette étude ; revenons-y bien vite : c'est le plus sûr moyen de demeurer précis et compréhensible.

La pénurie de compagnons poussait les maîtres à débaucher ceux de leurs confrères. Les règlements durent prévenir cet abus. Les édits de 1539-1541 (art. 15), et toutes les législations postérieures ont prévu et puni le cas où un compagnon reprendrait du service chez un nouveau maître avant d'avoir achevé le travail commencé chez un autre : les délits n'en continuaient pas moins à se multiplier, et cela dans tous les corps de métiers. L'article 18 de l'édit d'août 1686 stipule que « les maîtres ne pourront prendre ni retirer les apprentis, compagnons ou fondeurs l'un de l'autre, sous peine de cinquante livres d'amende, et des dommages et intérêts du maître que l'apprenti ou compagnon aura quitté ».

La perspective d'une telle peine n'empêcha pas, en 1706, les imprimeurs Oudot, de Troyes, de faire « enlever » un compagnon, nommé Juilleron, de chez leur confrère Jacques Febvre l'aîné. Avouons qu'un compagnon qui se laisse *enlever*, cela nous semble un peu fort. Le notaire rédacteur de l'acte de conciliation qui intervint dans cette affaire n'y attachait sans doute pas le même sens que nous.

Pour empêcher les départs furtifs, on institua l'obligation de la « lettre de congé ».

L'article 15 de l'édit de 1571 exige que les compagnons, avant de pouvoir travailler chez un nouveau maître, justifient qu'ils ont achevé leur tâche chez l'ancien et même représentent leur lettre de congé. C'est là, dit Paul Lacroix (p. 129), l'origine du *livret*. « Des jugements rendus en présence de la communauté, par le lieutenant civil et procureur du roi, le 14 octobre 1641, confirmèrent pleinement cette déclaration. L'ordonnance du roi du 20 janvier 1654 l'étendit et la rendit plus sévère pour ce qui regardait les ouvriers de l'Imprimerie Royale... », à qui il était interdit de fournir d'autre travail, sans congé du directeur Cramoisy, sous peine de 600 l. d'amende.

Cette mesure souleva à diverses reprises les réclamations des intéressés. Dans un *Factum* pour les compagnons imprimeurs de Paris contre les syndic et adjoints de la communauté, publié en 1664, les demandeurs font connaître le texte de deux requêtes dressées par eux. Dans la première ils demandent, entre autres choses :

1° De n'être pas astreints à prendre des billets de leur dernier maître. Tous ou presque tous, disent-ils, sont apprentis de Paris ; ils y ont leur famille, ils y paient les charges comme les bourgeois, ils y ont fait leurs études ; quelques-uns même sont gradués en l'Université. Leur imposer des billets serait les réduire à une servitude à laquelle on n'oblige aucun ouvrier des autres nations.

2° D'être préférés en leur travail aux étrangers qui n'ont pas fait leur apprentissage à Paris, se basant en cela sur l'article 32 du règlement de 1572 et sur celui plus récent donné à Lyon le 14 août 1655 : « que les compagnons imprimeurs de Paris et Lyon seront préférez en leur travail aux personnes étrangères ».

3° Qu'il soit défendu aux maîtres de prendre des apprentis n'ayant pas la connaissance de la langue latine.

4° Qu'il leur soit défendu d'en prendre pendant dix années*.

---

* Bibl. nat., man. 22.064, fol. 98 à 100.

* Cette demande des compagnons paraît bien justifiée par la situation de la corporation à l'époque où elle fut formulée. C'est du moins ce qui résulte d'un « Mémoire d'un ancien imprimeur et libraire, pour conserver l'employ des Impressions aux Maistres et Compagnons Imprimeurs de la Ville de Paris », daté précisément (date manuscrite) de 1655 (Bibl. nat., man. 22.065, pièce 17, pet. in-fol. de 4 p. s. l. n. d.). — L'auteur y dit que, quand fut fait le règlement de 1618, aucune ville n'avait contrefait les

La deuxième requête, plus spécialement juridique, nous apprend qu'une procédure avait été faite au Châtelet contre les demandeurs ; qu'on avait attenté à leurs biens et à leurs personnes, et que notamment deux des leurs, les nommés Deligny et Robert, étaient retenus au petit Châtelet pour les causes ci-dessus.

Il fut répondu à ces timides observations par de nouvelles sentences des 16 avril 1665 et 28 avril 1671, toutes deux défendant pour la vingtième fois aux compagnons de s'assembler pour s'entretenir de leurs intérêts communs et les soutenir, moyen commode de se débarrasser d'adversaires gênants en les condamnant à ne pouvoir se défendre. On leur ordonne aussi de ne pas molester et faire violence aux compagnons de la province et de l'étranger qui viennent à Paris, « d'autant qu'il estoit de l'intérest de remédier à ce désordre, et que ceux qui s'appliquent à l'Imprimerie et qui recherchent dans leurs voyages à perfectionner un Art si important fussent bien receus et favorablement traitez... ». L'obligation du billet de sortie est enfin renouvelée.

La délivrance de ce malencontreux billet donnait lieu à des contestations sans fin. Si l'ouvrier sortant déplaisait au maître, celui-ci lui refusait le moyen de pouvoir être embauché ailleurs, même quand son départ était motivé par de bonnes raisons. On le voit par une affaire survenue entre Etienne Chardon, maître imprimeur, et deux compagnons nommés Pierre La Carrière et Edme Vée. Le premier, chargé de famille et voyant que la maison de Chardon était « une maison de jeu et de plaisir, où le Maistre ne fournit pas aux compagnons la moitié du travail qu'ils doivent faire tous les jours », où l'on n'est jamais sur un travail suivi, en changeant constamment sans en achever aucun, « en sorte que les compagnons n'en puissent sortir », était allé travailler à l'Imprimerie royale ; Vée, congédié en termes injurieux, l'y avait rejoint ; puis Chardon les avait attaqués tous deux devant le Lieutenant de police, lequel les avait condamnés à cent livres de dommages-intérêts et aux dépens ; le directeur de l'Imprimerie royale avait eu

douze livres d'amende pour les avoir reçus sans s'enquérir d'où ils venaient et s'ils étaient libres.

On incriminait Vée d'avoir en partant laissé du papier trempé ; à cela il répond qu'il ne serait point parti s'il n'eût été renvoyé d'une façon déshonnête et qu'au surplus il s'est offert de venir imprimer ledit papier quand il a appris que des poursuites étaient exercées contre lui[*].

Le 27 octobre 1700, la communauté troyenne prit connaissance, dans une assemblée, d'une sentence relative à la sortie des ouvriers avant d'avoir achevé le travail commencé.

La grosse question de l'apprentissage ne s'était pas améliorée et demeurait aussi une source de grave mésintelligence entre les maîtres et les compagnons. Ces derniers, en dépit des nombreux actes législatifs leur interdisant de se grouper pour agir collectivement, avaient conservé leur cohésion d'antan. Sans doute par un effet du conflit de pouvoirs toujours pendant entre le Gouvernement royal et le Parlement, celui-ci admettait volontiers les récriminations des ouvriers associés et y faisait parfois droit à l'aide d'arrêts légalement rendus. Tels sont ceux des 14 août 1671, 31 décembre 1673, 3 septembre 1674, 16 janvier et 21 mars 1686, 1er mars 1687.

Les premiers ont surtout pour effet de reconnaître la légitimité de l'intervention collective des compagnons en les recevant comme partie plaidante ; celui du 21 mars 1686 leur permet de faire assigner les syndic et adjoints de la communauté pour le renvoi des compagnons et apprentis non congrus en langue latine ; ceux du 1er mars 1687 ordonnent : le premier, que les apprentis dorénavant engagés devront être congrus en langue latine et savoir lire le grec, mais que néanmoins ceux reçus avant la publication du règlement[**] pourront continuer d'exercer ; le second, que les maîtres tiendront un registre de leurs ouvriers, mais ne devront pas « semer des billets » contre eux, ni les obliger à prendre des billets de sortie.

Il faut croire que tous ces arrêts n'aboutissaient guère, car le 31 mars 1689 les

---

impressions parisiennes, tandis qu'à présent Rouen et Troyes se jettent sur les livres de Paris et en contrefont des plus considérables.

[*] Bibl. nat., man. 22.065, pièce 83 ; in-4° de 2 pp.
[**] Le règlement donné par l'édit d'août 1686.

compagnons en obtenaient du Parlement un nouveau relatif à l'exécution de ceux précédemment édictés à propos des apprentis. Puis, le 11 août suivant, bien sûr à la requête des maîtres, le Conseil d'état anéantissait l'arrêt du 31 mars et défendait à ses obtenteurs « de faire aucunes Assemblées et Bourse commune et de faire aucunes procédures et poursuites en nom collectif... ».

Les compagnons se défendaient cependant de leur mieux. On le voit par deux nouveaux *Mémoires* dans lesquels ils exposent tout au long les raisons qui les guident dans leur lutte opiniâtre. Relevons-y ce curieux alinéa :

« Et ce n'est pas sans raison qu'on les a receus à agir de leur chef, parce qu'on a considéré que les compagnons méritoient quelque distinction et quelque faveur dans le bel art de l'Imprimerie, estant ordinairement plus habiles que les Maistres et que les Libraires, qui ne sont la pluspart que des marchands de livres, dont le talent ne réside que dans leur argent et qui n'ont pour l'ordinaire ni science ni capacité ; n'estant pas juste de laisser les plus sçavans dans la dépendance et dans l'esclavage des plus ignorans. »

Le 7 décembre 1700, une sentence du Lieutenant général de police de Paris condamne neuf compagnons et un apprenti, tous travaillant chez l'imprimeur Le Mercier, à deux cents livres de dommages-intérêts envers leur maître et à lui faire soumission en la Chambre syndicale, et en outre à cent livres d'amende et aux dépens, pour avoir quitté leur travail par cabale.

Des arrêts du Conseil, des 4 mai 1701 et 19 juin 1702, cherchent une fois de plus à réprimer l'association des compagnons, lesquels, paraît-il, avaient encore obtenu du Parlement un arrêt favorable à leur cause. La confrérie établie à Saint-Jean-de-Latran est dissoute et interdite.

Leurs réclamations incessantes relativement à l'exécution des règlements sur les apprentis ne devaient d'ailleurs pas tarder à être rendues vaines par l'arrêt du Conseil du 27 mars 1703, ordonnant, entre autres choses, que, dans le choix des aspirants aux places d'imprimeurs vacantes, on aura moins d'égard, pour la préférence, aux brevets d'apprentissage et autres titres,

qu'à la probité, capacité et aux facultés de ceux qui se présenteront et qui sont en état d'exercer l'art de l'imprimerie avec plus de distinction.

C'était, sous couleur de choix raisonnable, la porte ouverte au favoritisme.

* * *

Et comme si ce n'était pas assez pour anéantir les dernières espérances des compagnons définitivement battus, le dernier coup leur fut porté par la création d'une classe d'ouvriers secondaires, nommés *alloués*, dont on n'exigeait pas les conditions d'instruction demandées à leurs prédécesseurs, mais qui, en revanche, étaient à jamais écartés de la maîtrise, devenue elle-même presque une illusion pour les autres, par suite de la restriction du nombre des maîtres admis à exercer.

En tous temps, sans doute, les maîtres employèrent aux travaux secondaires de leurs maisons des ouvriers n'ayant pas fait l'apprentissage réglementaire. Ce droit ne leur fut toutefois officiellement reconnu que par la déclaration du 23 octobre 1713 (art. 2), qui les autorise à prendre autant d'ouvriers qu'ils en auront besoin, quand même ils n'auraient pas fait d'apprentissage chez un maître imprimeur, mais en spécifiant que la préférence devra être accordée aux compagnons réguliers, « quand ils voudront se contenter du salaire ordinaire », est-il dit en 1723*.

Longtemps auparavant, de vives contestations s'étaient élevées, à Troyes, à ce sujet, entre les maîtres et les compagnons. A la requête de ces derniers, plusieurs jugements exclurent des ateliers les ouvriers non brevetés.

En 1654, le Lieutenant général du bailliage fait défense à Jacques Oudot de donner à travailler à des ouvriers n'ayant pas fait apprentissage, conformément à l'ordonnance et au jugement du 9 août 1644. Un autre jugement, du 25 mai 1660, interdit à des compagnons de travailler avant d'avoir montré leurs brevets aux gens du roi ; les

---

*La déclaration du 10 septembre 1572 (art. 9) et l'édit d'août 1686 indiquent également que les maîtres pourront prendre tels compagnons que bon leur semblera, mais la rédaction des articles indique qu'il s'agissait seulement de trancher avec les prétentions manifestées par les compagnons de Paris et de Lyon sur ceux des autres villes.

maîtres qui les emploient sont punis. Enfin, en 1701, une sentence analogue est encore obtenue par les compagnons coalisés.

D'après une pièce de procédure, malheureusement unique, datée du 20 janvier 1717, et qui fait partie de la liasse 2815 des manuscrits de la Bibliothèque de Troyes, une vingtaine de compagnons imprimeurs, à la cause desquels le Procureur du Roi déclare se joindre, soutiennent une action contre les sieurs Bourgoing et Oudot, ceux-ci sans doute comme syndic et adjoint de la communauté. Le passage suivant renseigne vaguement sur le motif de la querelle. Aux accusations des demandeurs, Bourgoing et Oudot « répondent que lesdits compagnons sont mal fondez en leurs fins et conclusions en ce que pas un compagnon ne manque d'ouvrage et qu'ils ne pouvoient agir qu'en cas qu'ils en manquassent et qu'on leur préférast un alloüé; lesdits compagnons respondent qu'ils ont intérest de le faire régler pour tousjours et bien plus ils se trouvent dans une espèce de cause telle qu'est le cas posé, c'est à dire que Jean Langlois et Jean Maslot, sus-nommez, compagnons, manquent d'ouvrage l'un il y a environ trois mois et l'autre de la sepmaine dernière, leurs en ayant esté refusé chez les maistres et ledit Langlois mis hors de chez la Ve Oudot en deffault d'ouvrage à luy donner; pourquoy lesdits compagnons insistent à leurs fins... ».

Il s'agissait donc, dans l'espèce, de l'introduction d'*alloués* dans les ateliers, tandis que chômaient des compagnons ayant fait apprentissage, au mépris de la déclaration du 23 octobre 1713.

L'article 30 du règlement de 1723, en indiquant les conditions dans lesquelles les alloués doivent être admis dans les ateliers, après déclaration à la Chambre syndicale et paiement d'un droit de 10 livres, ajoute qu'ils ne peuvent sous aucun prétexte acquérir le droit de parvenir à la maîtrise.

Les compagnons réguliers ne voyaient pas d'un bon œil ces concurrents auxquels on les obligeait encore à montrer les éléments du métier, et ils le leur faisaient sentir. Le même article 30 se termine par des défenses « aux compagnons et autres d'empêcher, troubler et molester lesdits ouvriers... ». La même chose s'était passée autrefois pour les apprentis.

L'arrêt du Conseil du 9 octobre 1724 (art. 7) n'autorise pas seulement l'emploi des alloués; il l'ordonne : « Et attendu que pour faire cesser la cherté de la fabrique qui occasionne la licence et la débauche des ouvriers, il est important de multiplier le nombre des compagnons imprimeurs, enjoint Sa Majesté à tous Libraires exerçans l'Imprimerie dans Paris et à leurs Veuves, de prendre d'ici à six mois un alloué au moins pour le former dans leurs imprimeries et en faire un ouvrier; ceux qui ont plus de quatre presses seront tenus d'en prendre deux, le tout à peine de cinq cens livres d'amende... ».

Ceci se passait au moment même où l'on cherchait à diminuer le nombre des maîtres en interdisant de faire des apprentis. On restreignait ainsi la concurrence chez les maîtres et on l'accentuait chez les ouvriers.

Un « Registre des Allouëz pour l'imprimerie conformément à l'article 30 du nouveau Règlement du 28 février 1723 * » contient les déclarations d'embauchage d'environ 440 alloués à Paris, du 27 août 1723 au 15 février 1788. On y trouve plusieurs fondeurs de caractères**. Des notes indiquent que quelques alloués sont devenus apprentis réguliers, que d'autres ont été renvoyés pour inconduite, sont absents ou ont déserté. — Leurs contrats sont passés devant notaires, pour une durée de deux à six ans, mais plus généralement quatre, délai légal.

Un ordre du 2 avril 1737 recommande aux maîtres imprimeurs et libraires de faire chaque semaine la déclaration des changements survenus dans leur personnel, « compagnons, ouvriers et alloués »; il est indiqué en outre que ces derniers devront être engagés pour quatre années, par brevet enregistré à la chambre syndicale.

L'assemblée de la chambre troyenne, du 20 mai 1743, prit la décision suivante : « ...Et comme il s'y trouve plusieurs allouez qui travaillent à notre ditte profession et qui frustrent les droits de la communauté, seront tenus les maistres ou ceux chez qui ils travailleront de payer en leur acquit la somme de sept livres dix sols pour les

---

* Bibl. nat., man. 21.836; in-fol. de 63 ff.
** On sait que les compagnons fondeurs étaient assimilés en tous points aux imprimeurs (art. 66 et 67 de 1723).

droits de la communauté, et ce dans les six semaines qu'ils seront entrez chez leurs maîtres ou maîtresses, et même pour ceux qui y sont depuis plusieurs années sans avoir payé ledit droit d'alloué... ». Mais les registres ne portent aucune trace du paiement de ce droit. Les comptes de Châlons contiennent plusieurs inscriptions d'alloués pour lesquelles fut versé le droit de 10 livres.

Le règlement de 1777 conserve les dispositions des précédents relativement aux alloués (art. 22 à 25).

* * *

Malgré de trop fréquents désaccords, les maîtres parisiens préféraient employer des ouvriers originaires de la capitale plutôt que des provinciaux ou des étrangers ; ils y trouvaient sans doute une meilleure garantie de stabilité. Les règlements même les y exhortaient (art. 29 et 30 de 1723), et la chambre syndicale secondait sur ce point les vues du pouvoir en adressant à ses membres la circulaire qui suit* :

M

Quoiqu'il ne soit pas nécessaire de vous exhorter à donner la préférence aux Compagnons aprentis de Paris, parce que vous y avez toûjours été porté naturellement, vous êtes néanmoins prié de vous ressouvenir que l'intention de Monsieur le Lieutenant général de Police est que vous la leur accordiez ; ce que vos Syndic et Adjoints vous recommandent aussi, lorsque vous aurez lieu d'employer quelque ouvrier.

Elle leur fournit même des certificats spéciaux** où l'on sent poindre le cartouche institué — mais non appliqué, croyons-nous — en 1777 :

Communauté des Libraires et Imprimeurs

(*Armoiries représentant le bateau de la ville de Paris surmonté du livre tendu par une main, le tout dans un cartouche de 97 × 141 mill.*)

Je soussigné
demeurant
certifie que
travaille actuellement chez moi. Fait à Paris
le   jour du mois de
mil sept cent vingt-

* * *

Tant de textes divers, pour régir une corporation sur laquelle on voulait tenir la haute main, ne servaient qu'à embrouiller les légistes et les justiciers. Un remaniement complet fut jugé nécessaire. Il y fut d'abord pourvu, le 10 décembre 1720, par une déclaration du roi portant règlement pour la Librairie et Imprimerie de Paris ; mais, quand cet acte fut soumis à l'enregistrement du Parlement, il s'éleva tant et de si judicieuses observations à son endroit qu'il fut décidé de le retirer pour le réformer.

Du travail auquel se livrèrent alors les rédacteurs sortit l'arrêt du Conseil du 28 février 1723.

Ses articles 28 à 42 sont consacrés au régime et à la police des compagnons. Nous avons déjà fait connaître, en leur lieu, les dispositions de la plupart d'entre eux. Ajoutons qu'ils ne rabattent rien des anciennes prescriptions destinées à assurer le bon ordre de la population ouvrière. La sortie des compagnons en cours de labeur y est sévèrement punie ; les maîtres qui les reçoivent sans billets de congé sont menacés de 300 l. d'amende et de 3 l. d'indemnité par journée d'absence.

Les maîtres reçoivent, par l'article 33, le privilège de pouvoir congédier leurs ouvriers en les avertissant huit jours à l'avance ; ce délai est porté à un mois s'il s'agit d'ouvriers *en conscience*, protes, directeurs, travaillant à la semaine ou à la journée ; mais les membres de cette catégorie devront avertir deux mois à l'avance de leur intention de quitter la maison ; il est même ajouté qu'ils devront finir les ouvrages qu'ils auront commencés.

Cette inégalité provoqua les réclamations des intéressés. Dans des *Observations* présentées par eux, sur les articles 28 à 30, 35, 37 et 42, ils s'élèvent longuement contre l'injustice des textes publiés ; et, tout en admettant qu'on leur défende de cabaler, ils demandent le droit d'agir en nom collectif « quand les Maîtres ne leur rendront pas la justice qui leur est dûe ». Les maîtres ont leurs devoirs comme les compagnons ; il y a une action mutuelle et réciproque des uns contre les autres.

Peu après, un nouveau Mémoire revient spécialement sur les articles 29 et 30, concernant les alloués ; on y relève ce passage : « On sçait que les Maîtres Imprimeurs cherchent à insinuer au Conseil qu'il est

---

* Bibl. nat., man. 22.064, fol. 149. (1720.)
** Bibl. nat., man. 22.064, fol. 150. — Petit in-fol.

nécessaire de mettre un frein à la liberté des Exposans, parce qu'ils en abusent pour exiger des Maîtres des salaires exhorbitans pour leurs journées; ce qui cause la cherté des Livres. Mais le Conseil se convaincra aisément du contraire, s'il veut se faire raporter les Livres de Banque des Maîtres, par lesquels il verra que plus de la moitié des Compagnons ne gagne au plus que 40 sols par jour. »

Ces deux Mémoires * n'aboutirent qu'à la promulgation de l'arrêt du Conseil du 9 octobre 1724. Il y est dit que les compagnons ont conservé leur confrérie à Saint-Jean-de-Latran et continuent à s'assembler malgré l'arrêt du 19 juin 1702; qu'ils portent des armes « même lors de leurs travaux » et exigent pour leurs journées un prix excessif qui les entretient dans des débauches continuelles.

En conséquence, l'arrêt susdit, exécutoire dans Paris (art. X) :

I. — Fait défenses aux maîtres, à peine de 3000 l. d'amende, « de souffrir sous aucun pretexte dans leurs Imprimeries aucune queste ni collecte desdits Compagnons, ni l'impression ou apposition d'affiches portant indication de ladite Confrairie appelée de Saint Jean l'Evangeliste ».

II. — Défend aux compagnons de porter l'épée et autres armes, et aux maîtres de les souffrir dans leurs imprimeries.

III. — Ordonne aux maîtres de n'embaucher que des compagnons libres d'engagement; stipule un délai de huit jours pour que les compagnons préviennent de leur départ et veut que les maîtres leur accordent ou donnent congé par écrit.

IV. — Ce consentement signé sera remis à la Chambre syndicale par le nouveau maître chez qui le compagnon sortant ira travailler.

V. — « Et attendu que plusieurs desdits Compagnons Imprimeurs, pour éluder la Loi qui leur enjoint d'achever les Ouvrages qu'ils ont commencés, sont dans l'usage de se présenter dans d'autres Imprimeries sous des noms supposés, et comme venans de Province, et que d'autres s'absentent quelques semaines, pendant lesquelles ils

vont travailler dans les Villes voisines de Paris », ces faits seront exemplairement punis. Le compagnon convaincu d'avoir ainsi rompu ses engagements, et qui reviendrait à Paris avant un an, sera contraint de retourner chez son ancien maître, avec défenses à tous autres de l'engager sans permission de celui-ci.

VI. — Tout ouvrier congédié pour débauches réitérées ne pourra être admis dans aucune autre imprimerie de Paris, « de tels Ouvriers ne servant qu'à détourner et corrompre les autres ». Celui qui aura manqué d'ouvrage par la faute d'un autre sera indemnisé par ce dernier.

VII. — Concerne les *alloués*. (V. plus haut.)

VIII. — Tous les maîtres enverront à la Chambre une feuille de leurs labeurs pour arbitrer les prix auxquels ils devront être continués et les prix à donner aux ouvriers.

IX. — Les compagnons devront se conformer à ces prix.

X. — Les maîtres auront un registre contenant les noms, prénoms et surnoms de leurs ouvriers, l'ouvrage sur lequel ils travaillent et le prix payé...

Le collier se resserrait au cou des compagnons imprimeurs.

Ils ont pourtant un avocat digne d'attention dans l'auteur du *Mémoire sur les Vexations qu'exercent les libraires et imprimeurs de Paris*. Il n'y a, dit-il, aucune profession d'art ou de métier où les maîtres se soient acharnés à maltraiter et à tyranniser leurs compagnons, comme dans le corps des Libraires Imprimeurs. Et il ajoute :

« Pour arrester la violence des maîtres imprimeurs, les Compagnons ont porté plusieurs fois leurs plaintes au parlement qui leur a rendu justice, et a deffendu aux maîtres par des arrêts contradictoires de les vexer et de les obliger à prendre des billets du maître de chez qui ils sortoient. Ces sages magistrats voyoient bien que les maîtres ne tendoient par là qu'à les reduire à une rude servitude, dont les plus vils domestiques sont exempts en France, puisqu'il leur est permis de changer de condition quand il leur plait.

« Maintenant par les derniers réglemens établis à la sollicitation des Maîtres Imprimeurs, toute porte est fermée aux compagnons pour s'opposer à la violence, et réclamer justice. Les maîtres les obligent à

---

* In-fol. de 4 pp. chacun. On peut les voir à la Bibliothèque nat., man. 22.064, fol. 118-119 et 151-152, et aussi dans le catalogue de l'importante collection des *Factums*.

prendre des billets contre les arrêts rendus contradictoirement au parlement. Ces pauvres compagnons ne peuvent agir en nom collectif, et par conséquent former des plaintes à aucun tribunal.....

« On les fait passer pour des gens discoles, des mutins, des séditieux, des débauchez, mais sans aucune preuve..... »

L'abbé Blondel reproche encore aux maîtres de vouloir « obliger des Compagnons qu'ils payent si mincement à se détourner de leur ouvrage pour apprendre le métier à ces allouez, à ces ouvriers sans titre et sans teinture de lettres qui sont absolument incapables d'exercer un tel art » et sont la cause des incorrections qui fourmillent dans les éditions contemporaines. Il dit enfin : « Au lieu de gagner leurs ouvriers par des traitements favorables, de les exciter par une honneste émulation, ils ne s'attachent qu'à les persécuter, qu'à les décrier, qu'à leur ôter de la main le pain qu'ils leur envient. Sur de faux mémoires qu'ils répandent hardiment parce qu'ils sont effrontez, ils obtiennent des lettres de cachet contr'eux, les font pourrir sans sujet dans les prisons, pendant deux ou trois mois, ce qui réduit leur famille à la mendicité. Quelle oppression fut jamais plus effroyable! »

Voilà sans doute la stupide exagération, cet aide de camp de la discorde, qui surgit de la partie adverse. Les dénonciations du *Mémoire*, peut-être justifiées par des faits isolés, ne sauraient être généralisées ; autrement la situation des compagnons aurait été insoutenable. Mais il y avait certainement aussi du vrai dans ces accusations.

Le pouvoir se préoccupait d'assurer l'exécution des règlements par l'entremise des administrateurs de la communauté. Une circulaire du 25 septembre 1727 invite les maîtres, de la part des syndic et adjoints, et suivant l'ordre du garde des sceaux, à fournir incessamment un état de leurs ouvriers, avec tous les renseignements désirables ; elle leur rappelle, en outre, qu'ils doivent signaler les ouvriers, apprentis et alloués qui sortent de chez eux, ainsi que ceux qui y entrent.

Un avertissement du 2 juin 1728 défend encore de recevoir aucun ouvrier sans congé.

Une autre lettre *(circâ* 1730) rappelle qu'il est permis de faire des alloués en tel nombre qu'il plaira aux maîtres, en les obligeant pour quatre années par brevet enregistré à la Chambre syndicale dans le délai d'un mois*.

Puis, un arrêt du Conseil d'Etat, du 27 août 1731, exécutoire dans tout le royaume, renouvelle les dispositions des précédents concernant les compagnons, que certains imprimeurs reçoivent chez eux sans billets de congé, « ce qui entretient le libertinage et l'indépendance parmi les Ouvriers... ».

* * *

Indépendamment des lois régissant leur catégorie toute spéciale, les compagnons imprimeurs avaient encore à compter avec celles de la corporation.

Dès 1539, les correcteurs étaient responsables des fautes laissées par eux dans les feuilles qu'on leur donnait à collationner; celles recommencées pour cette raison devaient l'être à leurs dépens (art. 56 de 1728).

Aux termes de la déclaration du 10 mai 1728, les ouvriers, « protes, correcteurs ou compositeurs », sont passibles de peines, à l'égal de leurs maîtres, pour l'impression des livres prohibés ou l'omission des formalités d'approbation, de transcription de privilèges, etc. Ce n'était pas une médiocre responsabilité à une époque où tant d'écrits portaient ombrage au pouvoir royal.

En 1586, un avocat de Poitiers, nommé Le Breton, avait publié un mémoire rempli d'allusions désagréables pour le roi et le Parlement, accompagnées de reproches amers contre l'autorité royale; ce mémoire fut saisi, l'auteur fut arrêté et condamné à être pendu et son livre brûlé avec lui. Jean Ducarroy, l'imprimeur du libelle, Gilles, le typographe qui l'avait composé, et le pressier Martin, qui en avait tiré les feuilles, furent battus de verges au pied de la potence, la corde au cou, et bannis de France pendant neuf années. La sentence atteignit jusqu'au domestique de Le Breton, qui fut banni de la prévôté et vicomté de Paris pendant un an pour avoir porté la copie et les épreuves d'un ouvrage qu'il n'aurait probablement pas su lire**.

---

* Ces deux circulaires se trouvent à la Bibl. nat., man. 22.064, fol. 167 et 184.

** *Intermédiaire des Imprimeurs*, juillet 1897, d'après *l'Imprimerie*, qui semble avoir elle-même emprunté ce fait à *Paris et les Parisiens*, de M. Gourdon de Genouillac.

Une lettre du docteur Guy Patin, du 21 juillet 1649, raconte qu'un imprimeur (un compagnon, apparemment) du nom de Morlot, surpris imprimant un libelle diffamatoire intitulé *la Custode du lit de la reine*, avait été condamné à être étranglé et pendu, mais qu'il fut délivré sur le chemin du supplice par des garçons libraires et imprimeurs [*].

En 1665, un imprimeur du nom de Jacques Roger s'évada de la Bastille avec l'aide de deux compagnons imprimeurs. Il fut arrêté de nouveau et ses sauveurs avec lui [**].

En 1694, à la suite de l'introduction en France d'un libelle imprimé à Cologne et dirigé contre Madame de Maintenon, un compagnon imprimeur nommé Rambault, de Lyon, et Larcher, garçon relieur, furent arrêtés, soumis à la question ordinaire et extraordinaire et pendus le 19 novembre; Chavance, garçon libraire, n'échappa à la potence que parce qu'il se trouva être parent du père La Chaise, confesseur du Roi. Ces malheureux travaillaient chez la veuve Charmot, rue de la Vieille-Boucleric [***].

Des poursuites du même genre eurent lieu au XVIIIe siècle. *L'Imprimerie* du 15 décembre 1897 en rapporte l'exemple suivant, qui concerne les ouvriers du Livre : « Malgré la chasse faite aux distributeurs de libelles et d'écrits jansénistes pendant l'année 1736, leur nombre augmenta sans cesse... De nouvelles défenses furent publiées... Quelques jours plus tard on arrêta un sieur Henri Pillière, libraire, et d'autres commis et distributeurs, qui furent condamnés au carcan. Une femme, Thérèse Dubreuil, fut envoyée à la Bastille pour avoir été trouvée composant dans une imprimerie clandestine. D'autres ouvriers imprimeurs et compositeurs eurent le même sort. »

On trouve aussi dans les *Archives de la Bastille*, par François Ravaisson, les noms d'une quinzaine de garçons libraires ou imprimeurs qui furent, avec leurs maîtres, les hôtes de la célèbre prison d'État.

De ce que les règlements analysés jusqu'ici n'étaient applicables — sauf le dernier — qu'à la seule ville de Paris, il ne faudrait pas en conclure que la conduite des compagnons de la province fût toujours exemplaire. Là aussi il y avait bien quelques anicroches. Ainsi, le 31 mai 1737, le sieur Thomas, imprimeur à Riom, fait savoir à la communauté parisienne que son compagnon a débauché son apprenti et qu'ils sont partis tous deux en emportant 60 l. qu'il leur avait prêtées. Leur sigalement fut aussitôt envoyé à tous les imprimeurs de la capitale, avec ordre de ne pas recevoir les fugitifs et de les signaler à la Chambre [*].

Le 2 avril précédent, un ordre des syndic et adjoints de Paris avait remémoré aux imprimeurs leurs obligations touchant la déclaration du personnel à leur service, et notamment l'engagement exigé pour les alloués.

Ce rappel ne produisit pas grand effet sans doute, car vers 1752 les compagnons se virent dans la nécessité d'adresser la requête que voici :

« *A Messieurs les Sindics et adjoints de la Chambre Sindicalle des Imprimeurs Libraires de Paris* [**].

« Les Compagnons Imprimeurs prennent la liberté d'implorer votre justice contre des abus aussi préjudiciables à l'ordre et à la perfection de l'Imprimerie qu'à l'état et à l'avantage des suplians.

« Il est prescrit aux Imprimeurs de prendre des alloués pour les former et en faire des ouvriers; l'arrest du Conseil du 9 octobre 1724 qui contient cette disposition importante veut que les Imprimeurs en

---

[*] Les rapports des compagnons entre eux n'étaient pas toujours si fraternels. Donnons-en une preuve, dont nous devons la connaissance à l'amabilité de deux éminents bibliographes, MM. A. Claudin et Natalis Rondot. — Michel Wenssler, appelé aussi Michel de Bâle, était en 1498 *abbé* des imprimeurs à Lyon. Il s'était vanté de faire épouser à un compagnon imprimeur, nommé Claude Vial ou Duval, une femme de mœurs dissolues, appelée Marguerite la Picarde, ou de la lui « faire manger ». De là une rixe entre les compagnons, pendant laquelle Vial tua l'un d'eux. Il fut arrêté et emprisonné, mais obtint des lettres de rémission pour ce meurtre. Elles se trouvent aux Archives nationales, JJ 292, fol. 54 v°. — Les lettres de rémission étaient accordées par le roi aux meurtriers qui avaient tué sans intention de le faire, par accident, imprudence ou autre cause involontaire, et dont le crime, en un mot, paraissait excusable.

[**] *Archives de la Bastille*, par François Ravaisson, t. II, pp. 430-433.

[***] Brunet, *Manuel du Libraire*, 5e éd., t. V, col. 186, d'après le journal manuscrit d'Ant. Bruneau, avocat.

[*] Bibl. nat., man. 22.064, fol. 174.

[**] Bibl. nat., man. 22.064, fol. 185-186. Copie manuscrite, s. d. (1752 ?).

ayent un au moins et que ceux qui ont plus de quatre presses en ayent deux; il est ordonné en même tems que ces alloués seront obligés pour le tems de quatre années au moins, et par brevets qui seront inscrits à la Chambre sindicalle un mois au plus tard après leur passation.

« Cette police d'où dépend le bien public et la capacité des ouvriers paroit moins une loy aujourd'huy qu'un objet abandonné à la discretion des Imprimeurs. Ils prennent des particuliers pour les instruire dans l'Imprimerie mais loin de les obliger pour le tems de quatre annees suivant la regle ils font des arrangemens clandestins bornés à des termes arbitraires, c'est à dire, a un an, six mois, trois mois même; en sorte que par cette dispense de tems necessaire a l'instruction Paris se trouve inondé de personnages inhabiles qui se qualifient ouvriers mais qui n'en ont véritablement que la stérile dénomination.

« Une facilité aussi contraire aux Loix de l'Imprimerie produit deux inconvéniens également dangereux : le premier de donner la facilité à ces particuliers d'aller d'imprimerie en imprimerie scachant bien que n'étant point engagés regulierement les maîtres n'ont pas le droit de les réclamer. Le second d'usurper la qualité de compagnon imprimeur en se présentant dans des imprimeries où le besoin les fait recevoir malgré leurs ignorances; ainsy les Imprimeries se trouvent chargées de sujets errans et incapables; les ouvrages deviennent défecteux et les bons ouvriers confondus dans la multitude de ces hommes sans talens, perdent l'estime et la recompense qui devraient être les appanages de leur état.

. . . .

« ... Cet abus produit l'ignorance, autorise le changement, rend les ouvrages deffectueux, fait tort à la réputation des compagnons imprimeurs, les avilit en les associant avec des gens inhabiles... »

En même temps qu'ils adressaient cette requête à la communauté, les compagnons en faisaient tenir une à peu près semblable au chancelier, M. de Malesherbes *. Ils lui exposent que la grande quantité d'alloués (des maîtres en ont jusqu'à huit et dix)

fait que les compagnons manquent d'ouvrage, ce qui les engage à aller dans les imprimeries clandestines. Ils se plaignent aussi qu'on prend pour alloués des hommes mariés, âgés ou ayant une autre profession, et demandent la restriction du nombre excessif de cette sorte d'ouvriers, avec la permission pour les maîtres de faire des apprentis.

A côté de ces documents, nous avons trouvé le suivant, émané sans doute des administrateurs de la communauté patronale et qui répond aux explications des compagnons *.

« Le Memoire présenté au nom des Compagnons Imprimeurs paroit être l'ouvrage de quelque cabaleur, qui par sa mauvaise conduite, ou autrement, se trouve sans avoir d'occupation; et il est aisé de présumer que ce Mémoire n'a d'autre objet que de diminuer le nombre des Ouvriers dont l'Imprimerie a plus besoin que jamais, et par là de se rendre maître du prix des ouvrages, ce qui est un monopole abusif.

« Selon les Règlemens, un maître Imprimeur peut faire autant d'Alloués que bon lui semblera, et le terme de l'obligé de l'Alloué a toujours été commis à la prudence et à la charité du maître, qui d'ailleurs se trouve suffisamment intéressé à ne former que de bons Ouvriers.

« Que si néantmoins il se pratique dans quelques Imprimeries chose qui puisse préjudicier au bon ordre et à la perfection de l'art, Monsieur de Malesherbes est supplié de renvoyer les ouvriers complaignans à la Chambre Syndicale pour y déduire leurs plaintes et leurs raisons, afin que les Syndic et Adjoints puissent connoitre la nature de l'abus; ils auront soin d'en faire leur rapport et de recevoir les ordres de Monsieur de Malesherbes pour y remédier. »

Puis vient un nouveau mémoire manuscrit en faveur des revendications ouvrières **. Nous l'analysons aussi amplement que la sagesse le permet : tous ces vieux papiers sont si intéressants, dans leur langage simple et suggestif, que l'on voudrait pouvoir leur conserver toute la saveur d'une

---

* Bibl. nat., man. 22.064, fol. 187-188.

* Bibl. nat., man. 22.064, fol. 182. — 1752.
** Bibl. nat., man. 22.064, fol. 199-200.

reproduction intégrale. Voici en substance ce que dit celui-ci, daté du 16 août 1755 :

Autrefois, on ne prenait pour faire des apprentis que des jeunes gens capables; aujourd'hui, on prend n'importe qui, sous le nom d'alloués. « Ils sont presque tous de la lie du peuple. » Chaque maître en a 3 ou 4; il y a eu des années où il y a eu 300 de ces apprentis à Paris; il y en a encore 150. Il en sort 50 chaque année comme compagnons, qui, ne pouvant travailler dans les imprimeries parisiennes, seront obligés d'aller dans les ateliers prohibés.

Le nombre des compagnons est ordinairement de 7 à 800. Quand le Parlement rentre, il y en a 5 à 600 d'occupés, mais ensuite il n'y en a plus que 3 à 400; les autres n'ont rien à faire pendant 6 mois de l'année.

Il vient à Paris chaque année 100 Avignonnais ou Liégeois, beaucoup encore de Rouen, Toulouse et de plusieurs villes d'Allemagne. Il y a 300 ouvriers étrangers, sans compter 200 qui viennent des provinces. « ... Ces liégeois et avignonnais accoutumés à ne pas gagner grand chose dans leur pais se contentent aisément de ce que le maître veut leur donner, et cela fait qu'ils ont la préférance aux apprentifs de Paris... »

Le mémoire conclut en disant qu'il faudrait empêcher de prendre des apprentis et alloués pendant 6 ans; ensuite ne permettre qu'un alloué à la fois engagé pour 4 ans, et les prendre congrus en langue latine ou qu'ils aient au moins fait leur quatrième; on devrait encore obliger les maîtres à ne garder que 3 mois les ouvriers d'Avignon, Liège, Hollande, Allemagne, temps suffisant pour voir Paris; ils retourneraient dans leur pays, où les maîtres ne feraient plus tant d'apprentis.

Un « *Mémoire* pour Grangé, imprimeur à Paris, contre le nommé Desvignes, compagnon imprimeur, à Monseigneur de Sartines, Conseiller d'Etat et Lieutenant général de police* », nous apprend que : « Dans le corps de La Librairie lorsqu'un Compagnon imprimeur se croit en droit de se plaindre du Maistre imprimeur, il peut aller demander justice à la Chambre syndicale, et aussitôt les officiers envoyent chercher le maistre imprimeur, et après l'avoir entendu vis à vis de son Compagnon, sur le champ ils font droit à qui il appartient. »

L'affaire qui motiva ce mémoire, et dont la suite ne nous est pas connue, peut se résumer ainsi : Un ouvrier de Grangé, le nommé Desvignes, après s'être beaucoup dérangé de son travail, pendant une quinzaine de jours, pour aller au cabaret, est venu demander le prix de ses journées, même de ses absences; il a 3 l. par jour, en conscience. Grangé s'y est refusé et lui a offert de régler son compte par devant les officiers de la Chambre syndicale. Desvignes, qui devait avoir un peu bu, a alors injurié son maître et l'a menacé en mettant la main sur la garde d'une épée qu'il porte habituellement. On dut le faire sortir de force. Il avait emporté les tierces des ouvrages faits par lui.

Un autre compagnon imprimeur, nommé Pinard, fut arrêté, en juillet 1765, dans un café, à Paris, pour avoir mis l'épée à la main. Après une détention de quinze jours au grand Châtelet, il fut relâché sur les instances d'un imprimeur, son patron sans doute*.

Décidément, nos anciens confrères étaient bien d'incorrigibles spadassins !

* * *

Le grand mouvement de réformation des communautés d'arts et métiers, qui fut l'œuvre des premières années du règne de Louis XVI, eut son effet, dans notre corporation, par l'édit du 30 août 1777, promulgué sous l'inspiration de Necker et portant règlement de discipline pour les compagnons imprimeurs.

Cet édit ne répudie rien des précautions prises antérieurement pour prévenir et réprimer les désordres d'une profession qui, de tous temps, inquiéta les gouvernants; il est même motivé sur la nécessité de faire exécuter le titre V du règlement de 1723 et de le compléter sur divers points. Mais il a sur celui-ci l'avantage d'offrir, à côté de mesures coercitives, des dispositions humanitaires que l'on n'est pas habitué à rencontrer dans les documents de cette nature.

---

* Bibl. nat., man. 22.109, fol. 146. Cette pièce paraît dater de 1765 à 1768.

* Bibl. nat., man. 22.064.

C'est que les temps ont marché et les idées aussi. L'esprit philosophique — l'esprit nouveau d'alors — a propagé les germes de ses doctrines démocratiques ; les yeux, fatigués de l'éclat factice autant que coûteux des royautés surfaites et des noblesses dégénérées, se portent en bas, vers le tiers-état dont l'ascension s'affirme chaque jour, vers la foule des artisans dont le cerveau, ouvert à la science et à la pensée, fermente depuis longtemps, et en qui gronde un légitime désir d'indépendance.

Les clairvoyants s'aperçoivent qu'il y a quelque chose à faire pour ce peuple qui peine et qui paie, sans jouir ; et les décisions du législateur témoignent envers lui d'une certaine sollicitude.

L'édit de 1777 est fortement pénétré de cet esprit de progrès. En même temps qu'il réorganise le compagnonnage de nos prédécesseurs de façon à prévenir les désordres redoutés, il fonde — dans une mesure restreinte, il est vrai, mais remarquable néanmoins pour un premier pas — un conseil de prudhommes (art. 26), un bureau de placement (art. 8), une caisse de retraites, une caisse de secours en cas de maladie et une prime pour longs services (art. 27), dont notre siècle, on le voit, n'aura pas eu la primeur ; il institue aussi un embryon du livret tant discuté de nos jours (art. 3).

Voici le résumé de ses vingt-sept articles :

1, 2. — Tous les ouvriers travaillant dans une imprimerie se feront inscrire à la chambre syndicale de leur circonscription ; le registre mentionnera leurs noms, âge, demeure, etc., et recevra des observations sur leur conduite.

3, 4, 5, 9. — Il leur sera délivré un cartouche sur parchemin timbré ; ce cartouche devra être représenté à toute réquisition des syndics et envoyé à la chambre à chaque changement d'atelier ; le maître et l'ouvrier paieront alors chacun 24 sous pour droit de visa. Le cartouche sera aussi visé chaque année.

6. — Les maîtres sont tenus de déclarer à la chambre les absences de leurs ouvriers.

7. — Ils ne recevront que ceux qui seront en règle, et feront mention de leur entrée sur le cartouche.

8. — La chambre tiendra une liste des ouvriers sans travail à la disposition des maîtres.

10. — L'ouvrier qui prendra le nom et se servira du cartouche d'un autre pour se faire admettre dans une imprimerie sera puni exemplairement.

11. — Afin que les maîtres connaissent la capacité et la conduite des sujets qui leur viennent du dehors, les chambres syndicales se communiqueront annuellement l'état des ouvriers inscrits sur leurs registres avec les notes les concernant.

12. — Tout ouvrier venant travailler en province devra d'abord faire viser son cartouche à la chambre syndicale de la ville où il se rend, moyennant un droit d'une livre.

13. — Les imprimeurs sont tenus de ne conserver que les ouvriers munis du cartouche ; un délai est fixé pour se le procurer. Les ouvriers qui refuseront d'en prendre devront être dénoncés.

14. — Les libraires et fils de libraires ou imprimeurs sont dispensés de cette formalité.

15. — « Les protes ou directeurs des imprimeries seront assujettis aux mêmes devoirs ; ils ne pourront, ainsi que les ouvriers travaillant à la semaine, vulgairement appelés *ouvriers en conscience*, quitter leurs maîtres qu'en les avertissant un mois avant leur sortie. S'ils ont commencé quelqu'ouvrage, ils seront tenus de le finir ; ils ne pourront s'absenter même une demi-journée sans en prévenir leurs maîtres. » Ils sont tenus d'être à l'imprimerie comme les autres ouvriers (l'été, de 6 à 8 heures ; l'hiver, de 7 à 9).

16. — Les maîtres ne pourront congédier les protes et ouvriers en conscience qu'en les avertissant quinze jours à l'avance.

17. — Les ouvriers travaillant à leurs pièces seront tenus de se rendre à l'imprimerie au plus tard aux heures portées en l'article 15 ; ils continueront de jouir de la liberté d'aller travailler dans une autre imprimerie quand le travail qu'ils auront entrepris sera achevé, en avertissant huit jours à l'avance.

18. — Le maître qui voudra accélérer un ouvrage sera libre d'en donner à d'autres ouvriers, sans que ceux qui l'auront commencé puissent en prendre prétexte pour le quitter.

19. — Relatif aux exemplaires des ouvrages. Nous en avons parlé.

20. — Défenses aux imprimeurs d'embaucher un ouvrier congédié pour débauche réitérée.

21. — Les ouvriers ne pourront faire aucun banquet, confrérie ni assemblée.

22, 23, 24, 25. — Concernant les alloués. Nous les avons cités en leur temps.

26. — « Les plaintes respectives des maîtres contre les ouvriers et des ouvriers contre les maîtres seront portées aux chambres syndicales, pour y être jugées par les syndics et adjoints... »

27. — « La somme résultant de ce qui aura été payé pour les enregistrements, cartouches ou mutations, les frais prélevés, sera divisée annuellement en trois parties : la première, pour être distribuée par les syndics et adjoints aux anciens ouvriers infirmes et hors d'état de travailler, dont la conduite aura été exempte de reproches ; la seconde, aux ouvriers obligés de suspendre leur travail pour cause de maladie, et qui auraient besoin de secours ; la troisième, enfin, aux ouvriers employés au moins depuis trente ans dans la même imprimerie et dont les maîtres certifieront l'exactitude et la probité... »

Ces textes mis à jour, une question se pose : les règles édictées par l'arrêt de 1777 ont-elles été suivies ? les engagements ont-ils été tenus, les promesses réalisées ?

Hélas !

Curieux de le savoir, nous avons interrogé les registres de Châlons, de Sens et de Troyes : ils sont muets. Au moins, pensions-nous, Paris aura donné l'exemple ; placée directement sous la surveillance du directeur de la Librairie, sa chambre syndicale aura tenu la main à l'exécution des belles conceptions ministérielles ! Et, confiant, nous avons ouvert deux gros et grands registres de la Bibliothèque nationale, dont les titres prouvaient qu'il y avait eu au moins intention de mise en pratique :

1° *Registre des compagnons imprimeurs travaillans à Paris, Compiègne, Meaux, Senlis et Sens.* 1777. In-fol. de 240 ff. (Fonds français, n° 21.841) ;

2° *Registre des compagnons imprimeurs sans ouvrage.* 1777. In-folio de 159 ff. (Fonds français, n° 21.840).

Quelle fut notre déception en constatant que le premier de ces livres ne contenait *aucune* déclaration pour Paris, Senlis et Sens ! Seuls, M. Bertrand, imprimeur à Compiègne, avait envoyé les renseignements concernant ses deux ouvriers, et M. Courtois, de Meaux, ceux de ses deux compositeurs et de son imprimeur. Pourtant, à la fin de 1777, plusieurs circulaires officielles rappelaient aux chambres et aux patrons l'obligation de déclarer les ouvriers.

Quant au second livre, il est absolument vierge ! Nous voudrions bien croire que le chômage était alors inconnu...; malheureusement, l'exemple précédent prouve qu'il faut chercher ailleurs la cause de l'absence de mention.

Nous n'avons pas davantage trouvé traces des autres mesures prévues par l'arrêt de 1777, malgré des fouilles très actives dans les divers dépôts publics susceptibles de les renfermer.

Y eut-il des oppositions trop influentes aux sages dispositions de ce précieux règlement ? était-il trop complexe pour les tempéraments contemporains ? Nous ne savons. Ce qu'il y a de malheureusement certain, c'est qu'il demeura sans effet.

Déjà, le 22 novembre 1769, la chambre syndicale de Châlons, devançant l'édit de 1777, avait acheté un registre pour inscrire les ouvriers relieurs et imprimeurs travaillant dans la ville ; nous ignorons s'il fut régulièrement tenu, car il semble avoir disparu.

Les incarcérations arbitraires n'avaient pas cessé d'être à la mode. Un « *Mémoire pour Pierre Cadou, ouvrier imprimeur en lettres, contre le sieur Simon, imprimeur* [*] », expose qu'à l'époque où Cadou était entré chez Simon, le prix des travaux d'imprimerie venait d'augmenter considérablement. Une circulaire adressée à la clientèle donnait comme raison le prix excessif des denrées et l'augmentation accordée aux ouvriers. Or, Simon n'ayant pas voulu augmenter le salaire d'un ouvrier qui était sur l'*Encyclopédie méthodique* de Panc-

---

[*] Bibl. nat., man. 22.064, fol. 235 à 250 ; in-4° de 32 p. (1786).

koucke, sous prétexte d'abonnement qui devait subsister jusqu'à la fin de l'ouvrage, l'ouvrier refusa de continuer à l'ancien prix (15 l. 10 s. la feuille) et fut congédié ; on l'offrit à Cadou, qui refusa de lâcher ce qu'il tenait pour le prendre et fut aussi congédié ; mais Simon ne voulut pas lui donner un billet de sortie, et apprenant qu'il travaillait ailleurs, le fit arrêter (Noël 1785) sous prétexte de cabale et il resta enfermé à la Force pendant vingt-trois jours, dont treize au secret. Rien ne nous a appris la suite de cette affaire.

Notre dernière pièce sur les Compagnons imprimeurs est un arrêt du Conseil d'État, du 2 septembre 1786, dont voici les passages principaux* :

« *Arrêt du Conseil d'État du Roi*, qui condamne les Compagnons imprimeurs des imprimeries des sieurs Didot jeune, Chardon et veuve Valade, à faire, sous peine de prison, des excuses aux officiers de la Chambre syndicale des Imprimeurs et Libraires. Du 2 septembre 1786.

« Le Roi étant informé que lors des visites faites les 9, 10 et 11 du mois d'août 1786, dans les Imprimeries de Paris, par les Syndic et Adjoints de la Librairie et Imprimerie de cette ville, les Compagnons imprimeurs des Imprimeries des sieurs Didot jeune, Chardon et veuve Valade, se sont comportés d'une manière répréhensible ;..... ordonne : Que ceux d'entre lesdits ouvriers qui étaient dans lesdites Imprimeries, lors de ladite visite, soit qu'ils y travaillent encore, ou qu'ils aient passé dans d'autres Imprimeries, seront tenus, sous peine de prison, de députer de chacune desdites trois Imprimeries deux Compagnons sachant signer, pour faire aux Officiers de la Chambre syndicale leurs excuses et celles de leurs Compagnons, et signer les procès-verbaux qui en seront dressés par les Syndic et Adjoints.... »

Quatre compagnons sont dispensés de ladite réparation, ainsi que les trois protes, qui n'ont eu aucune part à la conduite répréhendée. La signification de l'arrêt est faite aux protes. Les ouvriers sont dispensés de l'amende portée par l'article 84 du Règlement du 28 février 1723.

Une telle humiliation n'était pas de nature à ramener le calme en des esprits surexcités.

* * *

De tous ces documents, complaisamment accumulés par un chroniqueur soucieux d'abord de n'omettre rien de ce qui peut éclairer son sujet, quel enseignement sortira pour le lecteur attentif ?

Il serait difficile de le formuler justement, car il y a dans tous ces faits des moteurs qui nous échappent, par l'ignorance où nous sommes de l'état d'âme des personnages en cause comme de détails précis sur les faits entrevus.

Remarquons toutefois que l'autorité s'y montre, comme presque toujours, maladroite dans ses interventions ; ses efforts tendent seulement à défendre et réprimer ; encore est-elle la plupart du temps impuissante dans l'application de mesures brutales. A aucun moment — si ce n'est dans l'inutile arrêt de 1777 — on ne la voit essayer de prévenir le mal par une sage étude de ses causes intimes et une réglementation conséquente.

Et pourtant, plus que tous autres, les ouvriers de notre profession auraient, semble-t-il, mérité quelques égards. Doués en ce temps-là d'une instruction peu commune — c'était obligatoire —, intelligents — l'esprit s'affine forcément au contact des œuvres et des auteurs —, ils se trouvaient certainement à l'étroit dans les liens d'une législation sévère qui les tenait pendant de longues heures sous le joug d'un labeur fatigant et appliqué. On comprend facilement et l'on est bien près d'excuser, dans ces conditions, les écarts de conduite ou de discipline qui leur sont reprochés et qui ne sont, en somme, que la regrettable mais nécessaire réaction de la nature trop comprimée.

Bien plus blâmables sont ceux qui, de nos jours, disposant de plus de loisirs et de moyens variés de les occuper convenablement, se complaisent en de basses satisfactions que ne relève aucun idéal.

Mais nous n'avons pas à faire le procès de nos confrères contemporains. Notre but était simplement de leur montrer, pièces en mains, l'existence généralement peu enviable que menaient leurs prédécesseurs. S'ils pouvaient y avoir appris, par la com-

---

* Bibl. nat., man. 22.064, fol. 251-252 ; in-4° de 3 pp.

paraison, à considérer leur sort actuel d'un œil moins pessimiste et à trouver ainsi, en attendant mieux, quelque soulagement aux maux dont ils se plaignent encore, nous n'aurions qu'à nous féliciter d'avoir entrepris cette étude, en regrettant, comme nous l'avons fait pour les *Apprentis*, qu'elle ne puisse être d'aucune utilité à ceux qui cherchent pour nous tous des moyens d'amélioration.

(Extrait de *l'Intermédiaire des Imprimeurs*, Mai 1897 à Juin 1898)

TYP. ET LITH. LÉON SÉZANNE, RUE SAINT-CÔME, 2, LYON